Sous le Soleil

Le Journal de Jessica

Malika Ferdjoukh

Sous le Soleil

Le Journal de Jessica

D'après une idée originale
de Pascal Breton et Olivier Bremond

HACHETTE
Jeunesse

D'après des scénarios originaux de :

James Adner
François Aramburu
Patrick Bancarel
Jessica Bendinger
Grégory Boutboul
Eugénie Dard
Patrice Dard
Lorène Delannoy
Patrick Delmas
Soline Delmas
Malika Ferdjoukh
Pascal Fontanille
Catherine Foussadier
Simone Girard
Bernard Jeanjean
Caroline de Kergariou
Martine Legrand
Fabienne Lesieur
Philippe Machu
Olivier Marvaud
Pascale Memery
Michaël Océan
Olive Otin Blats
Pierre-Yves Pruvost
Bernard Renucci
Kaddour Riad
Elisabeth Rio
Régine Sabre
Béatrice Shalit
Olga Tossecqk
Patrick Tringale

... et pour Pascal bien sûr, notre capitaine à tous !

Les rapports les plus simples de l'amour dépassaient déjà nos conceptions ; avec une personne véritable. Nous n'aurions pu ni vivre ni agir.

Poupées, Rainer Maria Rilke

I like Saint-Tropez in june...

Quand j'étais petite, mon père jouait les courants d'air. Un soir il était là, avec moi, à me lire les rêves de *Little Nemo* (qui tombe du lit en se réveillant à la fin de chaque page), il me bordait, il m'embrassait en murmurant : « *Good night, honey...* » et woofff ! le lendemain matin, plus personne ! Envolé, le papa !

Il réapparaissait un mois, six mois, ou même un an plus tard. Moi, en général, j'avais gagné un ou deux centimètres dans le sens de la hauteur et lui quelques cheveux blancs et un peu de tristesse au coin de la bouche.

Une fois (j'avais six ans), il est revenu avec un iguane en peluche vert anis sous le bras.

— Tiens, dit-il en plaquant un baiser sonore sur ma tempe. Je te présente Buddy Willoughby. En mon absence, il te rappellera que tu as tout de même un papa.

Buddy Willoughby a été promu ce jour-là mon-doudou-pour-toujours. Le pauvre... Il avait un paquet de boulot sur la planche ! Me donner des baisers à la place d'un père que je ne pouvais presque jamais embrasser pour cause d'absentéisme (quasi permanent d'abord, puis tout à fait permanent). M'écouter. Se taire. Me consoler. Me laisser passer mes nerfs sur lui... Tout, quoi.

Peu après, mon père finit par bel et bien nous laisser tomber, ma mère et moi, comme de vieilles robes de chambre sans ceinture.

Je confiais tout à Buddy l'*iguana* : ma peur des citrouilles d'Halloween, mon horreur du blanc de dinde à Thanksgiving, le brouillon de mes lettres à Santa Claus, mon béguin pour Herbert T. Dawson, élève comme moi de la classe de musique de Miss Lewis, et bien sûr mon chagrin de ne plus voir papa.

Au fil du temps, la poussière, la saleté, la pluie, les larmes, l'encre, le feutre, les doigts pleins de beurre de cacahuète, de crème ou de confiture ont, hélas ! fini par avoir raison de la bonne mine de Buddy Willoughby et de sa fringante couleur verte. La peluche a viré au gris-fatigue puis au pâle-malade. Pour terminer, le chat prit son œil d'iguane pour une balle de ping-pong.

Mais, bref, borgne et mal en point, il restait quand même près de moi, le soir, sur mon oreiller où je continuais à lui raconter tout...

Jusqu'au week-end où je l'ai emmené au zoo d'Orlando, voir ses copains, les vrais iguanes.

Au bord du vivarium aux crocodiliens, près de

la rambarde en verre, il y avait une dame avec une poussette. Surtout, il y avait un gamin dans la poussette ! un affreux jojo qui braillait à pleins poumons. Les seuls qui ne paraissaient pas incommodés, qui demeuraient la mâchoire fixement ouverte, étaient les alligators. Statues de silence.

Le gamin hurleur, qui jugeait sans doute qu'on ne lui prêtait pas assez d'attention, s'est tourné vers moi, s'est brusquement emparé de Buddy que je tenais sous le bras, et l'a projeté droit vers un caïman du Nil dont la gueule béante s'est, clac ! refermée net.

Je n'ai jamais pu récupérer Buddy Willoughby. Des jours durant, j'ai été inconsolable.

Et puis, un jeudi, ma mère est revenue avec un paquet-cadeau plat, carré. Ce n'était pas une peluche, mais un gros cahier qui se fermait avec une petite clé dorée. Sur la couverture cartonnée, rose, lisse comme une dragée, il y avait écrit *My diary* : « Mon journal ».

J'ai donc commencé à cette époque-là l'écriture de mon journal intime. Et comme je n'oubliais pas Buddy, eh bien, j'ai continué à lui parler, via le journal. À lui, et rien qu'à lui. Il était à nouveau mon confident.

Il l'est toujours.

Tu vois, Buddy, j'ai l'amour fidèle. Je ne t'ai jamais oublié. Tu as été, tu restes celui qui écoute tout et ne répète rien. Je suppose qu'un psy y verrait un lien clair avec mon père... O.K. ! admettons. Même si je suis à peu près certaine que papa n'est ni vert ni rose dragée.

Premier dimanche de juin

Dear Buddy,

You know, je n'ai pas énormément de souvenirs de mon père. Mais j'en ai un, précis, c'est une phrase à propos des femmes drôles : « Le rire est leur crème de beauté, l'humour leur parfum. »

Ça m'a marquée, assez je suppose pour que je décide d'être la rigolote de la bande, la copine marrante, la *funny girl* envers et contre tout. C'est sans doute pour ça que j'ai plein d'amis. Et donc (ça va généralement ensemble !) pas si souvent de petit ami.

Mon histoire avec Grégory est très révélatrice de mes relations avec les mecs. Pour faire court, disons que :

• Je rencontre à Miami ce bel aventurier hirsute, bronzé, français, sur son bateau.

• Il me plaît.

• Je lui plais aussi. Enfin, je le suppose.

• On a une histoire ensemble.

• J'y crois.

• Mais lui, sa tête est ailleurs, quelque part au-delà des mers, par-delà les vagues. Le pire, c'est que je ne m'aperçois de rien. Je suis amoureuse. Quand il reprend son monocoque pour les Açores, nous nous disons au revoir. Du moins, pour moi c'était au revoir. Pour lui – je l'ai compris plus tard – c'était *definitely* adieu. *Farewell, my lovely*. Mais comme je suis un peu gourde, fleur bleue grave de grave, je n'avais rien deviné.

Absolument rien.

Comment j'aurais pu savoir d'ailleurs ? Il ne m'avait jamais parlé de Laure, cette Française dont il était fou. Un marin, ça a forcément un peu la tête ailleurs, non ? Vers l'horizon ! Comment deviner qu'il m'aimait... juste comme ça ? juste le temps qu'il avait envie ?

La chance qu'elle avait, cette Laure que je ne connaissais pas encore ! Être un amour-passion ! Un amour-folie ! Un amour-jusqu'au-bout ! Plus loin même, jusque-tout-au-bout ! Elle était ça, Laure, pour Grégory, mais je l'ignorais.

Lorsque j'ai débarqué en France, il y a presque un an, mon projet, c'était de voir Paris. Paris... et aussi Grégory.

D'abord Grégory, en fait.

J'ai illico bifurqué, direction Saint-Tropez, à

l'adresse qu'il m'avait laissée avant son départ pour les Açores. Je n'ai pas vu Paris. Mais j'ai revu Grég.

Petit hic : il ne pensait plus, mais alors plus du tout à moi ! J'étais une image sympathique mais passée, dépassée, de son passé ! Il vivait avec elle, Laure, son seul, son véritable amour. Avec moi – j'ai vite compris – ce fut :

— On se fait la bise et on reste copains, tu veux ?

L'amour-copain, je connais super bien ! Je pourrais passer mon *PhD* (sacré diplôme !) sur le sujet.

J'aurais dû repartir...

Mardi

Je suis restée.

Tu sais pourquoi, Buddy ? À cause de l'endroit. Cette ville ! Wow... cette ville !!! Ruelles pavées, maisons ocre aux toits roses en tuiles, placettes sous les arbres. Et puis, par-dessus tout, La Plage *Saint-Tropez*. Où les cœurs se croisent et s'embrasent ; où les histoires se nouent et se dénouent. Point de rencontres sous le soleil. Le ponton flottant sur l'eau, le bar en chaux blanche caché en rond sous les canisses, son « sous-marin » où l'on danse toute la nuit... C'était *magic ! absolutly fabulous !* Je ne voulais plus partir.

Là, j'ai trouvé Louis, le frère de Grég. Il était

gérant de la plage. C'est-à-dire qu'il lui donnait tout. Son temps, son amour, son énergie. Il la bichonnait, sa plage ! Si Grég avait la tête pleine d'horizons lointains, celle de Louis bouillonnait de révoltes. Lui aussi était magnifique, avec ses rires inattendus, ses yeux tout en lumière bleue.

Quand je suis arrivée, il sortait d'une histoire chaotique et douloureuse avec Caroline. Quant à moi, j'essayais de me remettre debout après ces retrouvailles manquées avec Grégory. Louis m'a alors proposé de travailler avec lui. C'était inespéré, providentiel... Car j'avais envie de tout sauf de revenir en Amérique après un tel échec. Avec le recul je peux dire que, Louis et moi, nous avons été chacun un pansement pour l'autre.

On s'aimait, il n'y a pas le moindre doute là-dessus. Beaucoup, même. D'une vraie, d'une profonde tendresse. Mais ne s'aimer QUE beaucoup... en amour, ce n'est pas assez !

Lundi, 17 h 40

Dès le début Louis m'a proposé d'emménager dans son studio du centre-ville. C'était facile, je ne possédais qu'un sac à dos avec deux cents grammes de linge, trois shorts, trois tee-shirts, et... tous mes espoirs en la vieille Europe.

Ma vie avec Louis était agréable, pleine d'humour, de musique, et d'imprévus. Je me suis remise à la danse que j'avais abandonnée à mon arrivée en France. Aux États-Unis, j'en faisais depuis mes sept ans. À seize ans, j'ai même participé à un ballet de John Keane, le célèbre chorégraphe américain, mais maman préférait que je poursuive mes études. Avoir été abandonnée par un homme lui avait donné des idées très fermes sur l'indépendance... Pour elle, ça passait par un diplôme. Bref, j'ai continué la danse, mais sur un mode plus *light.*

À Saint-Tropez, j'ai découvert les leçons de Gloria Richardson. Gloria a été danseuse à Londres dans les années soixante et donne des cours dans une vieille bastide aux volets verts. J'y vais plusieurs fois par semaine. La danse est pour moi le meilleur des toniques.

D'autant que, Louis et moi, on bosse comme des malades. Cette Plage emplit notre vie et nos conversations. Et, à propos... mon histoire avec Louis, elle aussi, est très révélatrice de mes relations avec les mecs.

J'ai été la première à m'apercevoir que... comment dire ?... les Américains ont une expression pour ça : *something gotta give*, « quelque chose devait craquer ».

Lundi, 22 h 00

Ce fut avec Éléna Grimaldi. Mais ç'aurait pu être n'importe qui d'autre – tu t'en doutes, cher Bud –, brune, rousse, blonde, Véronica, ou Céline, ou Laetitia, ou Isabelle, et cætera...

Donc, Éléna.

Elle a débarqué un matin à La Plage, mini turquoise et top crème à décolleté danseuse. Ses cheveux noir corbeau partagés en deux longues masses lisses de chaque côté de son beau visage. Elle avait l'air d'une Cheyenne, timide et sauvage à la fois.

— J'aimerais prendre des cours de planche à voile, dit-elle en sirotant paisiblement son nectar de prune.

— Vois ça avec Louis ! dis-je, débordée, comme toujours, par le feu des commandes.

J'avais appris ça, ici. Même si ça demeure un éternel mystère pour moi : il peut se passer une demi-heure sans le moindre client, et puis – on ne sait par quelle sorcellerie – quinze personnes débarquent en dix-sept secondes et c'est un tir croisé de sodas, milk-shakes, diabolos, sirops, cocktails, et tutti quanti.

Mais là, autre mystère !... Louis s'est brusquement matérialisé devant nous, c'est-à-dire devant Éléna. Elle lui a dit qu'elle s'appelait Éléna et voulait prendre des leçons de planche. Louis a souri de son sourire le plus charmeur, a répondu qu'il était Louis… et serait ravi d'être son prof. Tout cela dura un quart de minute environ, pas plus ; j'étais déjà en route vers le ponton, un plateau avec treize consommations sur le bras… mais, intuitivement, je savais.

Je savais que l'arrivée d'Éléna était le battement d'aile du papillon. Vous savez, celui, tout léger, qui se pose sur un épi de blé et finit par provoquer un ouragan sur tout un continent.

— Qu'est-ce qu'elles lui trouvent à ce type ? a demandé le garçon qui se tenait au bar depuis le début de l'après-midi. Elles lui tombent toutes crues dans le bec.

J'ai pouffé, j'ai haussé les épaules. J'ai un peu mieux regardé celui qui disait ça. C'était notre sportif de la semaine, un véliplanchiste de haut niveau, vainqueur de trois coupes cette année. Lui aussi aurait pu donner des cours. Mais il était discret, son regard brun très doux, ses cheveux longs, son charme indéniable, mais – disons – moins flagrant, moins spectaculaire que le charisme de Louis. J'ai dit en riant :

— *That's life*, Frankie !

Le lendemain

Hello, sweet Buddy !

Évidemment, tu t'en doutes... Aucune envie d'ouragan sur mon continent ! J'étais bien ici, à Saint-Tropez. J'aimais tellement mon job, et surtout j'aimais trop Louis pour faire de notre histoire une fondue de Marshmallows.

C'est vrai. Sur le coup, son attitude m'a peinée. J'ai même eu un élan de colère. Ça s'est traduit (heureusement, personne n'a rien vu !) par un coup expédié sur le nez du robinet... qui a pivoté de l'autre côté... et renversé un verre de limonade... qui a explosé sur le sol. Nouvelle preuve (modèle réduit) de la théorie du battement d'aile du papillon.

Tout ça m'a calmée d'un coup. Au fond, mon vieux Bud, si je veux être honnête avec moi-même, je dois admettre que ce mouvement d'humeur était un pur élan d'orgueil ! De l'amour-propre mal placé. Rien d'amoureux ou de passionnel dans ça ! Bien au contraire...

Ce soir-là, avec Louis, nous n'avons pas fait l'amour, nous nous sommes même évités, comme si on avait peur du moindre contact. Là aussi, pour être sincère, il y avait quelque temps déjà qu'on pratiquait un amour-copain, tendre mais ni très *hot* ni très *spicy*. On s'aimait, oui... mais sans pschhhttt dans la tête, sans folie, sans jalousie, sans chabadabada...

Voilà pourquoi le lendemain je n'ai absolument pas été étonnée lorsque j'ai vu Éléna débouler deux fois dans la journée à La Plage.

— Louis me donne des cours supplémentaires, m'expliqua-t-elle, innocente, à sa seconde visite. Il est génial, hein ?

— Mmh, dis-je.

Frankie, le sportif aux cheveux longs, se trouvait là lui aussi. Avec un clin d'œil complice, il m'a souri. Il avait de jolies dents, petites, presque enfantines, en tout cas étonnantes et touchantes dans son physique d'athlète.

— Et toi, Jess ? dit-il. Tu ne veux pas prendre de leçons ?

— Pas le temps !

Il a penché la tête et m'a observée pendant que je secouais mon cocktail dans le shaker. Son regard demeurait très doux, mais appréciateur néanmoins. Je l'ai senti glisser sur mes épaules nues, sur mes hanches. Et de sentir qu'il me trouvait jolie me l'a rendu irrésistible.

— On organise une soirée samedi, dis-je pour changer de sujet. Une soirée déguisée. Je compte sur vous ?

J'avais fait exprès d'inclure Éléna. Pour ne pas avoir l'air de basculer entièrement, ni trop vite, du côté de Frankie. Et aussi parce que je voulais savoir si...

— Louis m'en a déjà parlé, a répondu Éléna.

Voilà. Maintenant, je savais.

— Et toi ? ai-je demandé à Frankie.

— Je viens. Si tu m'invites.

Son doux sourire m'a enveloppée. Il a extirpé un élastique de la poche de son short et a rassemblé ses cheveux sur sa nuque.

13 h 15

Je suis rentrée déjeuner. J'en profite toujours pour faire mon jogging entre La Plage et notre studio. Je fais une grande boucle.

Tout à l'heure, j'arrivais devant chez nous, un type m'a interpellée. Un touriste américain visiblement, quarante-cinq ans environ, un visage encore jeune en dépit de cheveux blanchis avant l'âge. Il m'a demandé l'heure.

— Désolée ! Je ne porte jamais de montre ! ai-je répondu.

Il a eu l'air terriblement déçu. Ce qui était nettement exagéré pour une réponse qui était très banale ! Il a retiré son panama blanc, m'a tourné le dos et s'en est allé. Un simple quidam... Mais ce qui m'a titillée, Bud, c'est que sa tête me disait vraiment quelque chose.

15 h 00

Quand je suis dans l'expectative (c'était le cas !), je danse. Chez Gloria, je me suis déchaînée. À la fin du cours, j'étais en nage, les cheveux aussi trempés que si je m'étais douchée.

Le jour d'après, matin

En général, la chose qui m'agace, qui me rend folle de rage, ce sont les mensonges. Pourtant, ceux de Louis – je ne sais pas pourquoi – me désarmaient... Je trouvais ça émouvant, un peu dérisoire, tous ces efforts qu'il faisait pour me cacher qu'il était en train de tomber amoureux d'une autre fille.

Au petit déjeuner, par exemple. Après une nouvelle nuit sans amour (mais formidable de sommeil réparateur), voilà mon Louis qui tartine ses toasts avec mon *peanut butter* ! Précision importante : il HAIT le *peanut butter*. Il appelle ça « ta cochonnerie amerloque qui rend obèse » (en oubliant qu'il ingurgite des tonnes de pop-corn les yeux rivés sur Bruce Willis, soit DEUX « cochonneries amerloques » !). Alors, le voir planter les dents sans broncher dans mon *peanut butter*, ce n'était pas seulement bizarre ! C'était... incroyablement incroyable !!!

Mais ce qui a manqué me faire tomber au bas de mon tabouret, c'est quand il a gobé la tartine tout entière ! Sans le moindre hoquet ni la moindre surprise, avec l'œil vague même – indice formel qu'il y prenait un certain plaisir.

— Fais attention à ce que tu manges, dis-je, en me gardant bien de rire. Tu es amoureux ou quoi ?

Il m'a fixée. A fixé la tartine. A fixé le beurre de cacahuète. Il n'a pas recraché parce qu'il est moins mal élevé qu'il n'en a l'air, mais il y avait un gros malaise. De son côté, je veux dire. Parce que, moi, je rigolais sous cape. Il a bredouillé :

— Euh... C'est pas ça. Je... je voulais te dire que ce soir... mon père se trouve à Saint-Raphaël. Une livraison. Il m'a demandé de le ramener à moto.

J'ai croqué ma tartine (avec ses trois bons centimètres d'épaisseur de *peanut butter* que, moi, j'adoooore !). J'ai demandé, l'air dégagé :

— Ton père ? Il ne livre pas avec sa voiture ?

— Justement. Elle... elle est tombée en panne là-bas.

Soudain, j'ai eu pitié. Le voir essayer de se dépêtrer, de chercher à mes questions des réponses qui venaient avec peine. Ça prouvait qu'il n'avait rien préparé, qu'il n'était pas un cynique. Et parce que c'était plus élégant pour lui, comme pour moi, je lui ai charitablement tendu une perche :

— Ne t'en fais pas, je me débrouillerai pour le service du soir. Ah, et... n'oublie pas d'emporter un deuxième casque.

— Casque ? a-t-il répété, éthéré.

— Pour ton père.

Un sourire indéfinissable a flotté sur ses lèvres et dans ses yeux. Indéfinissable... sauf pour moi. Je savais fort bien ce qu'il contenait.

— Jess, a-t-il commencé, après s'être raclé la gorge. Faut que je te dise un truc...

— Que tu vas rentrer tard, ce soir ? Aucun problème. Je dînerai avec Caro.

Et re-sourire de mon Louis. Un grand, largissime sourire. Tu aurais vu son expression de soulagement ! Ça faisait plaisir à voir. Ça doit te paraître bizarre, hein, Buddy ? Comment une fille amoureuse peut-elle littéralement jeter son *boy friend* dans les bras d'une rivale, leur mâcher à ce point le boulot ?

Je me suis posé la question à moi-même, ce matin-là, après le départ de Louis. Et la réponse est venue, claire, sans fioriture, presque cruelle : notre amour n'avait jamais été fou. On l'avait trouvé quelque part entre attirance et consolation... il se situait dorénavant entre amitié et fraternité. Impossible de se montrer jaloux d'amour avec un ami, n'est-ce pas ? Encore moins avec un frère !

Mais Louis n'en avait pas encore tout à fait conscience, lui. Les garçons sont ainsi, ils ont besoin d'un peu plus de temps pour admettre que rien n'est tout blanc ou tout noir.

Vers midi

Le clou de cette drôle et très troublante situation, ç'a été quand Éléna Grimaldi a fait de moi sa confidente.

Elle est venue prendre un café au bar après deux heures passées sur sa planche à voile. Elle avait fait beaucoup de progrès depuis son inscription. Les cours particuliers de Louis, sans doute. Sans oublier leurs communes heures sup'...

Elle m'a regardée amicalement, tout en frictionnant avec une grosse serviette jaune d'or le bout trempé de ses cheveux. Elle bronzait chaque jour davantage et ressemblait plus que jamais à une belle Indienne de western.

— Cette soirée déguisée, commença-t-elle, j'aimerais bien ne pas y venir seule.

Dans un geste impérial, j'ai montré toute La Plage. C'est-à-dire toute sa population masculine en général... et celle qui z'yeutait en douce sa silhouette impeccable en particulier. Ce qui faisait un joli pourcentage.

— Tu n'as que l'embarras du choix !

Elle a bu une gorgée de son café et a secoué la tête avec une pointe de lassitude. Cette fine lassitude de celle qui est justement habituée à l'embarras du choix.

— Je préférerais que ce soit Louis. Tu crois qu'il sera d'accord pour m'accompagner ?

— Demande-lui.

— Je lui ai demandé.

— Eh bien ?

— Il ne sait pas. Il ne peut pas répondre maintenant. Il dit que c'est difficile d'être à la fois organisateur, de faire le service... et de participer à la fête.

— On peut faire le service et être déguisé. La preuve : c'est ce que je vais faire.

— De toute façon, a-t-elle soupiré, je ne vois pas pourquoi je me pose la question... je n'ai rien dans ma valise qui me permette de me déguiser.

— *No problem*. On va te trouver quelque chose. Pour en revenir à Louis, parle-lui... Tu peux certainement le faire changer d'avis.

— Tu as raison. J'aurai l'occasion tout à l'heure, il m'emmène visiter l'arrière-pays à moto. Et ce soir il a promis de me sortir en boîte...

J'ai failli répliquer : « Je sais, il me l'a presque dit »... mais au dernier moment j'ai gardé le silence. Après tout, je n'étais pas censée être au courant.

— J'ai quelques armes et arguments en réserve ! acheva-t-elle en riant.

J'ignorais ce qu'il avait en tête, mon joli cœur de Louis. Mais visiblement il avait un problème d'organisation sentimentale. Comment allait-il pouvoir se montrer avec Éléna, sortir avec elle à cette soirée déguisée... sans se démasquer ? Comment allait-il pouvoir m'expliquer la situation ? Et que raconter à Éléna qui ne savait rien de notre relation à lui et moi ?

J'avais envie de rire. Pas de me moquer, je t'assure, Buddy. Simplement de rire parce que les pauvres humains que nous sommes font tant d'efforts à se compliquer la vie... alors qu'elle peut être si simple !

Malgré moi et malgré mon désir d'aider Louis, je me sentais curieuse. Comment allait-il faire pour ménager la chèvre (moi, en l'occurrence, bien que l'idée d'être chèvre ne soit pas plus attirante que ça) et le chou (soit Éléna, qui avait, elle, la chance inouïe d'ignorer ce statut de végétal) ?

Quel moyen allait-il trouver pour s'en sortir ?

«Tu n'aimes pas les croissants?»

Début d'après-midi

La réponse m'arriva une heure plus tard.

On était dans un moment de creux, et je discutais avec Frankie. Décidément, autant que tu le saches, Bud : je l'aimais plutôt bien, Frankie. De plus en plus, même. Il dégageait une espèce de nonchalance, d'égalité d'humeur qui me changeait un peu de Louis. Louis, il peut te piquer une crise violente pour une histoire de café mal sucré, se montrer jaloux parce qu'un mec a levé le sourcil dans ta direction, s'énerver sur une vague qui ne vient pas.

En plein milieu de ma discussion avec Frankie, Louis a surgi.

— Dis, Jess, faut que je te parle.

« Encore ? » ai-je pensé. Sacré Louis ! Lui qui, la plupart du temps, agissait avant de parler, envoyait les coups et réfléchissait après ! On me l'avait changé ! Et il était super trop mignon comme ça !

Il m'a conduite à l'écart, près de la palissade derrière le bar. Il a jeté un coup d'œil autour de lui comme s'il était James Bond. Un tic en fait, quand il est mal à l'aise et quelle que soit la raison.

— Jess, j'ai réfléchi.

Je me suis mordu l'intérieur de la joue pour ne pas m'esclaffer. C'est toujours un peu rigolo d'être acteur et observateur. On a l'impression d'être à la fois le bonhomme qui agite la marionnette et la marionnette ! Il a continué :

— Je ne suis pas très sympa avec toi. Je t'en demande trop...

Ah ? Ah. Ah.

— Tu bosses comme une folle, moi je ne fais presque plus le service au bar depuis ces cours de planche à voile. Tu te tapes toute seule le sale boulot.

— C'est normal, dis-je, magnanime. On démarre la haute saison. On s'était mis d'accord tous les deux... Tu donnes les leçons, et à moi le bar.

— C'est vrai. Mais la semaine a été dure. J'ai une dette envers toi. Alors je te propose de compenser.

Ouais. Je commençais à deviner.

— Tu laisses tomber la soirée déguisée demain soir, tu te reposeras, tranquille, à la maison. Moi, je m'occuperai de tout.

— À la maison ?... Tranquille ?... Avec un bouquin ?

Je n'en revenais pas. Il me prenait pour une oie ou quoi ? Là, franchement, Bud, pendant une moitié de seconde j'ai été partagée : je lui éclatais de rire à la figure ? ou je lui expédiais une belle baffe ? Il sortait avec une nana sous mon nez, il n'allait pas, en plus, me priver de la soirée déguisée en me cloîtrant !!!

L'autre moitié de seconde m'a offert une alternative moins radicale que la baffe, moins vexante que le rire à la figure... Je l'ai joué fille-sérieuse-qui-ne-pige-rien-de-rien-mais-alors-rien !

— C'est une plaisanterie, n'est-ce pas, Louis ? Tu sais très bien qu'il faut être deux... Je veux dire : pour servir.

— Je pourrai m'en sortir tout seul, je t'assure. Je l'ai déjà fait.

Là, je suis devenue catégorique :

— Non, Louis. J'ai très envie d'être à cette soirée ! Tu... « compenseras » une autre fois, O.K. ?

Il a hoché la tête. Qu'y pouvait-il ? Si je désirais y assister, il ne pouvait pas m'en empêcher. Il a conclu, avec une moue :

— Bon. Comme tu voudras.

Je lui ai fait un clin d'œil amical et je suis allée vers un groupe de nageurs qui venait de s'attabler. Tout en prenant la commande, j'ai lorgné Louis, de loin.

Le pauvre. Il se tortillait ses mèches en fixant le sable, la mine découragée.

Je me suis promis de l'aider un peu.

Vers 15 h 30

Encore une séance de déchaînement au cours de danse de Gloria.

— Tu as bouffé du lion ! s'est-elle écriée, avec ce tordant accent *chic-british*.

En soirée

Le soir, un petit mistral assez frisquet s'est levé. J'ai décidé de fermer un peu plus tôt. Tout était désert, tout le monde était parti. Tout le monde, sauf Frankie, mon beau sportif aux doux cheveux.

— Je vais éteindre, Frankie. Tu veux boire un dernier truc chaud ?

Il a remonté le Zip de son sweat à capuche. Il a plongé son regard sombre et paisible dans le mien.

— Non, dit-il.

— Tu attends le bus, alors ?

— Je t'attends, toi.

Je lui ai simplement souri, sans répondre. Ensuite, je suis allée baisser le store roulant du bar. J'ai replié la dernière chaise longue. Je suis revenue au bar, j'ai ouvert mon petit miroir de poche, j'ai posé un peu de mon gloss *Pivoine Piment* sur mes lèvres, un peu de khôl au coin des paupières. Pendant tout ce temps Frankie m'observait en silence. Quand j'ai fini, j'ai murmuré :

— Je suis prête.

Accoudé au comptoir, il a posé son menton sur son poing.

— Une femme qui se maquille, c'est soit sublime... soit l'horreur !

— Et... tu me classes où ?

— La plus sublime d'entre les sublimes.

— Ça me va. Tu me sors ?

— Où tu voudras.

— Ça me va aussi. Mais faut pas que je rentre trop tard. Demain est une longue journée.

Il m'a enlacée, enjôleur. Ses cheveux ont caressé mon épaule.

— Je crois énormément aux lois de l'équilibre... À longue journée, longue nuit. Ça te va toujours ?

Au bout de la nuit... l'aube

L'immeuble était tout endormi. En traversant le palier du troisième étage, j'ai entendu le monsieur du dessous qui ronflait dans son appartement. Je précise que j'étais on ne peut plus silencieuse, je tenais mes escarpins à la main, le poing bien fermé sur ma clef.

J'ai ouvert notre porte très très très en douceur...

Pas besoin d'allumer. Par la baie vitrée, les premières lueurs du jour donnaient aux murs des reflets nacrés. Le studio était parfaitement éclairé, et le lit, au milieu de la pièce, était parfaitement vide.

J'ai lâché les escarpins. Pourquoi m'échiner à faire attention puisqu'il n'y avait personne à réveiller ! J'ai pris une longue douche tiède en repensant à Frankie.

Il n'était pas à Saint-Tropez pour longtemps, je le savais bien sûr. Notre histoire resterait une petite histoire... mais d'amour tout de même. D'amour très tendre, très mignon, tout court.

J'ai toujours pris soin d'éviter ce genre de relation éphémère avec les garçons en général, et avec ceux qui fréquentaient La Plage en particulier. Par principe, j'imagine. Mais surtout parce que j'attends autre chose de la vie et de l'amour.

Pourtant, en ce moment, j'avais besoin d'être cajolée, regardée, appréciée... Une rupture, même en douceur-apesanteur, ça reste une rupture. Et c'est bien ce qui était en train de se passer avec Louis.

À peine m'étais-je couchée qu'une clef a tourné dans la serrure. J'ai fermé les paupières et fait mine de dormir. Pauvre Louis. Il redoublait d'efforts pour ne pas faire de bruit, il portait ses baskets sous les biceps, maniait les portes au ralenti pour éviter qu'elles grincent ; il s'est déshabillé dans la salle de bains afin de ne pas « me réveiller ».

Quand il s'est glissé sous la couette, à côté de moi, il a posé un doigt sur ma joue. Je crois que c'était un bisou.

9 h 00

Le réveil a été dur. Très dur, même. À peine quatre heures de sommeil...

Pourtant, lorsque je me suis levée, j'ai cru avoir la berlue. Je me suis frotté les yeux... Louis était déjà debout ! Oui, le même Louis qui grinche chaque matin à la sonnerie du réveil. Mon Louis, donc, était sur pied, et ce n'est pas tout !... Il avait fait du café, était allé chercher des croissants chauds et un bouquet d'iris jaunes au marché. Quant à lui, il était rasé de frais, il sentait bon. Il avait l'air si content de sa petite (et trop fondante) mise en scène, que j'ai explosé de rire. Je n'ai pas pu me retenir, c'est parti tout seul !

Il s'est renfrogné, comme Louis sait si bien le faire quand il est un peu vexé.

— Qu'est-ce que t'as à rigoler ?

— Rien ! C'est adorable ! Mais... mais...

Il s'est rasséréné. Il m'a avancé une chaise (là, j'ai réussi à retenir le nouveau rire qui pointait !).

— Louis... ça te ressemble si peu !

— Tu n'aimes pas les fleurs ? Tu n'aimes pas les croissants ?

— Si, bien sûr. Mais ce qui va avec tout ça, c'est au moins... la demande en mariage ?!

J'ai mordu mon croissant. Un ange est passé...

Ensuite, j'ai porté l'estocade. (Laure, qui est très calée en tout et à qui j'ai rapporté, plus tard, cette conversation, appelle ça ma « flèche du Parthe » ! Ce qui, plus clairement, signifie décocher une vérité cinglante à quelqu'un qui ne s'y attend pas ! Vous êtes un peu chichiteux, vous, les Français. Tu n'es pas de mon avis, Bud ?)

Bref, j'ai conclu :

— ... Ou alors, c'est pour te faire pardonner d'être rentré à l'aube ?

J'avais lancé ça mine de rien, le nez dans mon croissant.

— Je... Il faut qu'on se parle, Jess.

Ça ne faisait jamais que trois fois qu'il me l'annonçait ! J'ai vraiment eu pitié de lui. D'autant que ma « flèche du Parthe » ressemblait, pour le coup, à une belle perche en faveur du « on-se-dit-tout », pas vrai ?

— Je t'écoute, ai-je dit.

Il a coupé son croissant longitude nord-sud,

pour le tartiner de marmelade. Ce faisant, il avait l'air plutôt à l'ouest, mon joli Louis.

— C'est pas facile, ce que j'ai à t'avouer, Jess...

Je me suis penchée, je lui ai pincé la joue côté croissant :

— T'inquiète, je vais t'aider.

Il a levé les yeux, oh, ces yeux qui n'en croyaient pas leurs yeux ! Ce sourire qui se demandait ce qu'il y avait sous roche. J'ai respiré une bonne fois, parce que, tout de même, c'était comme un saut du grand plongeoir, et j'ai susurré :

— Tu m'aimes bien, beaucoup même, tu as une vraie affection pour moi...

— Exactement.

— ... mais Éléna est jolie, bien roulée... et surtout, elle est nouvelle. Nouvelle par ici... et dans ta vie.

J'ai vu qu'il commençait à comprendre...

Il a eu un autre sourire. Assez ravageur, je dois dire. J'aurais aimé y être encore sensible... D'autant plus ravageur, ce sourire, que Louis n'en avait aucune conscience, en cette seconde... En général, il est au courant (il en abuse un peu, parfois), mais là, il était trop perplexe-j'y-crois-pas pour y songer !

Un soupir est sorti de sa bouche, long, bruyant, salvateur.

— Alors, tu savais ! Mais depuis... quand ? a-t-il questionné.

— À votre premier regard. Peut-être même avant que tu le saches toi-même !

J'ai ri, sans me retenir cette fois.

— C'est si simple avec toi ! Tu mens mal, Louis... On voit tout de suite à quoi ou à qui tu penses !

Toujours souriant, il est reparti à mordiller son croissant, à lécher sa marmelade.

— Éléna repart en Italie la semaine prochaine, dit-il. Tu vois, ce sera une histoire courte.

— Justement, profitez du peu de jours qui restent. Tiens, donne-lui ça.

Il a pris le paquet que je lui tendais, le sourcil interrogateur. J'ai expliqué :

— Mon déguisement... qui devait être raccord avec le tien. Il est désormais caduc. Mais il devrait convenir à Éléna. Elle n'en a pas.

— Et... mais... et toi ? Tu vas faire quoi ?

— Moi ?

Je lui ai tapoté le poignet.

— Moi, j'ai un autre plan.

Tu constateras, Buddy Willoughby, que j'ai des raisons d'être fière de moi et de savourer cette minuscule victoire de la finesse sur ce monde de brutes.

Fin de matinée

Oh, Bud, j'oubliais... Il est arrivé un truc rigolo tout à l'heure. Je passe devant la jolie bijouterie Zoltani, lorsque M. Zoltani en personne sort sur le seuil pour m'interpeller :

— Bonjour, Jessica... Pourriez-vous me rendre un service ?

Il me tend l'appareil photo qu'il a dans les mains. Je l'interroge du regard.

— Il me faudrait la vitrine et les employés en rang d'oignons devant. C'est pour la brochure d'été.

— Pourquoi moi ?

— J'ai vu les photos que vous avez faites pour la mairie.

Un jour, il y a eu besoin de clichés du port de plaisance pour illustrer un dossier. Je les ai faites à toute allure, sans réfléchir. Le résultat a été convenable, sans plus, à mon avis. Même si tout le monde s'est extasié, je me sais capable de mieux, de plus original. Pas de quoi crier au génie.

Je hausse les épaules. Zoltani insiste :

— Ça prendra trente secondes. Je veux du tout simple, genre photo de classe. Juste la vitrine avec les employés...

— ... en rang d'oignons devant. Compris.

Je n'aime pas l'idée de faire n'importe quoi, surtout en photo.

— Si ce n'est pas vous, dit-il, ce sera moi. Et ce sera nettement moins bien.

J'ai hoché la tête.

— Et vous ne serez pas sur la photo, ai-je conclu. O.K. ! c'est bon.

Je me suis emparée de l'appareil.

Et bien sûr – tu l'imagines, Bud... –, impossible de faire ce rang d'oignons « tout simple » ! Les employés n'étaient pourtant que quatre. Mais en photo, j'ai horreur de me contenter d'appuyer sur le bouton !

Je ne sais pas comment t'expliquer, mais... quand j'ai capté dans l'objectif la géométrie des ombres et du soleil, les reflets sur le verre, les verticales de la porte, les éventails des bijoux, la ligne de chemises blanches, je n'ai pas pu m'en empêcher. J'ai soudain voulu jouer avec tout ça.

Clic, clac, clac. J'ai adoré !

Tellement adoré que la séance nous a retenus quarante minutes (et pas du tout les trente secondes prévues !). Quand j'ai restitué l'appareil à Zoltani, je l'ai averti :

— J'ai peur que ces photos soient tout... sauf classiques !

— Vous avez pris ma vitrine ?

— Oui.
— Les employés ?
— Oui.
— Moi au milieu de tout ça ?
— Euh... oui.
— Alors parfait.

Je suis partie sous un flot de remerciements. J'étais un peu embarrassée. Le résultat le surprendrait sûrement.

J'ai prudemment décidé d'éviter la boutique de Zoltani pendant... longtemps.

Samedi soir

En reparlant, un jour ou deux après, avec Éléna, de ce qui s'était passé à la fameuse soirée déguisée, j'ai appris que Louis s'était d'abord montré assez inquiet. Forcément, le pauvre chou, il ignorait tout de mes intentions et, à elle, il n'avait toujours rien dit !

Il dansait des moitiés de danses avec elle, sans jamais les finir ; servait des cocktails en se trompant deux fois. À la fin, elle en a eu marre, elle lui a demandé ce qu'il avait à toujours tourner la tête dans tous les sens, à chercher... Quoi ? Qui ?

— C'est Jessica. Je ne comprends pas, dit-il. Elle devrait déjà être là.

C'est vrai, j'aurais dû.

Mais on était en balade avec Frankie, dans une calanque, et nous avions un mal gigantesque à nous arracher des bras l'un de l'autre. Ensuite, il avait fallu rentrer pour nous costumer. Frankie était très sexy avec sa tenue blanche d'Incorruptible et son borsalino assorti. Moi, j'étais en rose bonbon et plumes d'autruche, très Chicago années trente. J'avais de faux cils dont la mise en place nous avait arraché des fous rires monumentaux.

Quand, enfin, il nous vit arriver, bras dessus bras dessous, Louis en resta baba. Voir son regard aller et venir, de moi à Frankie, de Frankie à moi, sans piger rien à rien, c'était... assez réjouissant, je l'avoue.

— Tu me présentes ? a chuchoté Frankie à mon oreille.

— Louis, voilà Frankie. Un client très... assidu.

Louis a hoché la tête. C'est vrai, quand on le connaît bien, il est facile à deviner. Là, il pensait quelque chose comme : « Attends une minute, tu veux ? Je n'ai rien compris au film ! » J'ai fait signe à Frankie d'aller sur la piste de danse sans m'attendre, que j'allais le rejoindre. Il a saisi, il s'est éclipsé.

— Tu ne m'as jamais parlé de ce type, a dit

Louis en bredouillant légèrement sur « jamais ». Je ne savais pas que...

— Non, tu ne savais pas.

Il était renversant en Sinbad le Marin, ses yeux clairs cernés de noir dans son visage hâlé. L'harmonie totale avec Éléna, princesse des *Mille et Une Nuits*, voilée de transparences et de mousseline dorée. Pendant une seconde, j'ai éprouvé une terrible nostalgie. Ce costume aurait dû être pour moi, synchrone avec celui de Louis... C'était tellement dommage. Pourquoi ne pouvait-on se satisfaire d'un simple amour-de-tous-les-jours-et-puis-c'est-tout ? Pourquoi vouloir *the Big One* à tout prix ?

Un long silence a flotté entre nous.

— Il y a un problème ? a murmuré Éléna.

Louis a fait non. Brusquement, il a souri.

— Aucun problème ! Tout va très bien, au contraire. Très très très bien !

Il l'a embrassée longuement. Je me suis éloignée. Mais quand je me suis tournée pour lui lancer un petit signe complice, j'ai bien vu la légère lueur de mélancolie dans le regard de mon Louis.

Quelques jours après (6? ou 7? ou 8? je ne me souviens plus bien)

Éléna est repartie en Italie. Frankie, lui, est retourné à Paris. Deux jolies histoires, charmantes, qui donnaient les vrais pétillements du cœur...

Parce que courtes.

Un peu après, un après-midi

Il y a les histoires courtes et il y a les mecs lourds. Vraiment lourds. Un grand échalas blond, qui avait dû me repérer lors de la soirée costumée, est venu le lendemain.

— Je t'épouse, me déclara-t-il de but en blanc, après avoir commandé un Coca. Tu dis oui ?

— Zut !

Des allumés comme ça, Caroline et moi, on s'en coltine environ un par mois.

— Bon. Alors, tu diras oui à un dîner avec moi ?

Il avait un regard de lama, un bouc poils-de-chèvre, de grands bras de primate. Un zoo entier à lui seul.

— Je dis non au dîner, répondis-je, en rechargeant le percolateur d'une dose de café. Je dis non au mariage. Je dis non à tout.

— Un fille qui dit non à tout est une fille négative, asséna-t-il alors.

J'ai cru qu'il en avait terminé. J'ai commencé à remplir un pot de lait. Quand, soudain, l'animal est passé de l'autre côté du bar. En une seconde, il était derrière moi et encerclait ma taille dans ses grosses pattes. J'ai poussé une exclamation agacée :

— Hé ! Tu n'as pas le droit d'être de ce côté-ci !

— Tu ne diras pas non pour un petit bisou ?

Et le voilà qui me tend ses lèvres entrouvertes, façon girafe-qui-découvre-une-floraison-d'acacias. Je l'ai repoussé. Il y avait du monde sur La Plage, mais tous étaient occupés, aucun ne regardait dans notre direction.

— Ça va ! laisse-moi tranquille !

Soudain, une main a jailli de l'espace. Elle a attrapé mon bestiau par le col et l'a puissamment éjecté. Une chevelure blanche s'est dressée entre lui et moi.

— Tu n'as pas entendu ce que la jeune fille t'a dit ? Laisse-la tranquille !...

Le garçon s'est relevé, penaud. Il a frotté son pantalon en marmonnant :

— O.K., je vois !... Tu préfères les vieux !

Il est parti. Je ne l'ai pas revu depuis.

Je me suis tournée vers l'homme aux cheveux blancs. Il tournait le bord de son panama entre ses doigts, l'air embarrassé.

— Ça va ? s'enquit-il.

Je le reconnaissais. Le touriste américain qui m'avait demandé l'heure l'autre jour.

— Ça va. Ça arrive, parfois. Vous êtes américain ?

Il a hoché la tête.

— Vous avez l'accent de Floride, dit-il. Moi aussi, je viens de là-bas.

J'ai ouvert de grands yeux.

— D'où ça ?

— De Key Largo !

J'ai poussé un léger cri de surprise et de joie :

— Ça alors ! Mais moi aussi ! Première fois que je rencontre, ici, quelqu'un qui vient de Key Largo ! Si ça se trouve, on s'y est déjà vus... Et peut-être que vous connaissez ma mère !

— Ça fait très longtemps que je n'y ai pas été. Vous voulez boire quelque chose ?

— Pas le temps. Trop de boulot. À plus tard !

Il m'a arrêtée.

— Je sais : je vous invite à dîner un de ces soirs, O.K. ? On parlera de Key Largo.

Il avait l'air gentil et amical. Il n'y avait pas l'ombre d'une équivoque dans son invitation. Je n'aurais pas su dire pourquoi, mais c'était une évidence.

— Vous êtes descendu à quel hôtel ?

— Au *Mykonos.*

J'ai sifflоté. *Le Mykonos*... un cinq-étoiles qui ne proposait que des suites. De quoi entretenir le mythe du riche Américain *on the Riviera* ! Et moi qui m'apprêtais à lui fournir des tuyaux sur « comment survivre à Saint-Tropez » ! Je me suis moquée de moi-même.

— À bientôt, Jessica.

— À bientôt.

Là, j'ai réalisé trois choses en même temps :

• que nous parlions tout naturellement notre langue depuis dix minutes ;

• qu'il avait oublié de me révéler son nom ;

• que, décidément, sa tête me disait quelque chose !

Encore un peu après

Avec Louis, nous avons décidé de nous séparer. Pas à l'amiable, mais à l'Amitié. Avec un grand A. Nous en avons discuté longuement avant, bien entendu.

— Dès qu'on est sortis ensemble, lui ai-je dit, je pensais au moment où ça finirait.

— Génial. Tu sors avec un garçon et tu penses déjà à la rupture, toi ?

Du reproche dans sa voix.

— Peut-être qu'on se connaît trop bien, Louis. On est presque comme frère et sœur.

— N'empêche, ce Frankie... je ne l'ai pas vu venir.

Ça, ça le turlupinait ! Votre orgueil masculin, je suppose (si je pars du principe que tu es un iguane mâle, mon cher Buddy). Ça vous en bouche toujours un coin de ne rien voir... alors qu'en vérité, on ne vous cache rien ! C'est juste que... eh bien, vous ne voyez vraiment rien !

— C'est mieux, non ? ai-je dit. Tu te serais senti obligé d'être jaloux. Alors que, là, tu es simplement soulagé.

— Tu vas faire quoi ?

— Je ne sais pas. Chercher un studio.

Louis m'a prise dans ses bras, il m'a serrée très fort, vraiment très fort.

— En tout cas, quoi qu'il arrive... toi et moi, on ne doit jamais perdre le contact, tu entends ? Jamais !

— Promis. On se racontera tout. Tu seras mon confident préféré. Après Buddy, bien sûr.

— Buddy ? C'est qui ? Un copain de Frankie ?

— Mon iguane en peluche. Et là, tu aurais tort de ne pas être jaloux, c'est la peluche de ma vie !

— Tu pourrais trouver une appellation au moins aussi gentille pour moi, non ?

— « Mon meilleur copain » ?

Il a fait une moue. Trop galvaudé.

— « Mon meilleur ami » ?

— Mouais...

Nous avons cherché. C'est vrai, il méritait un statut spécial dans ma vie. Comme je méritais un statut à part dans la sienne.

— « Ton souvenir le plus tendre » ? Ça, c'est bien !

— O.K. ! dis-je. Juste parce que ç'a l'air de te faire plaisir.

Ce qu'on éprouvait l'un pour l'autre ne trouverait ni adverbe, ni adjectif, ni subjonctif... Et tant mieux !

Nous nous sommes embrassés.

Et j'avoue... il se trouvait peut-être bien encore un peu d'amour dans ce baiser-là.

Après

Après, j'ai ressenti un énorme besoin de danser. J'y suis allée chaque jour. Ça me faisait du bien.

Trois jours plus tard

Et qu'est-ce que je me sens libre ! Libre ! Par exemple, je ne me crois plus obligée d'avertir, de prévenir, d'expliquer, de trouver des raisons. Tout est facile. Ainsi, quand l'Américain de Key Largo est passé ce soir me prendre à dîner, je n'ai même pas pensé à en parler à Louis.

L'homme s'est présenté, en ses habituels costume blanc et panama blanc. Il semblait sortir d'un film des années cinquante. Il est venu me chercher en voiture. Une Jaguar. Qu'il avait louée.

Nous sommes allés du côté de Ramatuelle. Un restaurant très chic, très cher, choisi par lui évidemment. Moi, je n'aurais pas osé. Sur la route, l'air était doux et embaumait le pin et la pêche. Notre table était installée sous les figuiers, on voyait au loin la masse bleue de la Méditerranée.

C'est bizarre, Bud... Mais pas un instant je n'ai songé que cet homme pouvait avoir des arrière-pensées. Jamais je n'ai songé qu'il voulait draguer une jeune minette de la moitié de son âge. Je me disais simplement qu'il avait le mal du pays, que moi aussi, un peu, et que ça nous ferait du bien de parler de la Floride, dans notre langue maternelle.

— Vous avez de la famille en France ? ai-je demandé.

— Des souvenirs seulement. Votre mère est française, disiez-vous ?

— Oui. Elle a suivi mon père très jeune. Quand il nous a abandonnées, j'étais toute petite. Elle est restée là-bas et a essayé de refaire sa vie. Mais je crois qu'elle ne s'est jamais remise de son départ. Vous avez des enfants, vous ?

— Une fille.

Il a bu une gorgée. Sa main tremblait légèrement.

— Je ne la vois plus beaucoup. Je suis divorcé.

— Vous devez lui manquer. Moi, mon père m'a manqué terriblement. Toute mon enfance je l'ai attendu. Il n'est jamais revenu.

— Vous savez où il se trouve ?

— Même si je le savais, je m'en fous. Je l'ai effacé. Il n'existe plus.

Une petite boule était montée dans ma gorge. Je n'arrivais pas à la faire redescendre. Impossible. Elle restait bloquée. Je ne sais pas pourquoi. Tout comme je ne savais pas pourquoi je racontais cela à cet homme que je ne connaissais pas.

— Vous êtes sévère avec lui, Jessica.

— Vous avez de l'avance sur moi. Comment vous avez appris mon nom ? J'ignore le vôtre !

— Michael White.

Il a fait signe qu'on lui apporte l'addition.

— La seule chose que j'ai gardée, dis-je, c'est sa montre. Ma mère voulait tout jeter, mais j'ai réussi à récupérer ça. Cette montre est restée enfermée des années dans un tiroir. Un jour...

— Un jour ?...

— Elle a cessé de marcher. Je me suis dit que mon père devait être mort. Ce jour-là j'ai cessé de l'attendre.

Il m'a serré la main. La flamme des bougies tremblotait dans la brise du soir. Le garçon est arrivé avec l'addition. Michael White a sorti un porte-cartes bourré, a choisi une carte. Le garçon est reparti. Michael s'est levé en s'excusant. Je l'ai regardé se diriger vers les toilettes. Il avait une silhouette massive, à laquelle le blanc du costume donnait encore plus d'ampleur. Il me rappelait... voyons... Orson Welles, le grand cinéaste américain. Oui, c'était peut-être ça, mon impression de déjà-vu.

Ou peut-être pas.

Le garçon est revenu quelques instants plus tard, avec la carte et la machine.

— Il y a un problème avec la carte. L'autorisation ne passe pas.

J'ai jeté un regard autour de moi. Michael ne revenait pas.

— Eh bien... Bon... Je vais payer alors...

Ce dîner me coûtait une semaine de salaire à La Plage. Lorsque le garçon est reparti, il s'est écoulé dix minutes avant que Michael ne réapparaisse. Je lui ai rendu sa carte « à problème ».

— Oh, *God* ! Tu as payé ! Il ne fallait pas, voyons !

Avec cette insouciance des gens pour qui payer n'est qu'un détail. J'ai souri. Sans regrets. Sans rancune. Il était tellement insouciant et gentil, tellement désarmant !

Il m'a ramenée en Jaguar. Et, devant ma porte, il s'est penché pour, très doucement, poser un baiser sur mon front.

Peu de gens, dans ma vie, m'ont embrassée sur le front. C'est simple, ils sont trois. Mon vieil oncle John, ma grand-mère Edna, et mon père. Ça m'a fait faire un tel bond en arrière que des larmes m'ont picotée.

— Au revoir, Jessica.

Un jeudi, quelques semaines plus tard

Buddy *honey,*

Je suis restée encore quelque temps au studio de Louis. Pas trop de problème... puisqu'on était sur la même longueur d'onde ! Mais sont arrivés deux événements qui ont chamboulé cette relative harmonie...

Caroline est tombée enceinte. Elle n'a rien voulu dire dans un premier temps. Elle a essayé de s'en sortir seule, a pris rendez-vous avec un médecin... et puis, dans la salle d'attente de l'hôpital, une dame, sans le savoir, lui a fait changer d'avis. Elle a décidé de garder le bébé.

— Qu'est-ce qui s'est passé dans cette salle d'attente ? ai-je demandé à Caroline.

— Difficile à exprimer... Cette dame, cette mère, en était à son cinquième. Elle semblait tellement épanouie, tellement heureuse d'avoir un autre enfant... Quand elle m'a dit : « Vous en avez, de la chance, que ce soit le premier ! Parce que le premier... comme on n'a encore jamais connu ça avant, eh bien, c'est vraiment spécial. C'est une sensation unique. » Alors, je ne sais pas, mais je me suis levée et je suis partie à toutes jambes.

— En tout cas, on va pouvoir pouponner. Le papa... c'est Samuel ?

Elle a hoché la tête, doucement, ses paupières se sont fermées un instant sur ses beaux yeux violets.

— J'ai d'abord pensé que... Mais non, il est bien de Samuel. Il n'y a aucun doute.

Je sais ce qu'elle voulait dire, de qui elle voulait parler. Mais je n'ai pas relevé. On en reparlerait quand elle en aurait envie. Tu me connais, Bud Willoughby, j'aime écouter, mais je n'aime pas forcer.

En tout cas, tout cela a commencé à faire germer une idée en moi.

Le dimanche d'après

Cher Bud,

Laure a surgi au studio ce matin, le visage ravagé par une nuit de larmes. À peine avais-je ouvert la porte qu'elle s'est jetée dans mes bras et s'est remise à pleurer. Louis n'était pas là. Ouf ! Dans ces cas-là, mieux vaut rester entre filles.

Je n'ai pas posé de questions. Je l'ai installée dans les coussins du canapé, je lui ai fait un thé parfumé que j'ai servi dans de jolies tasses à fleurs bleues et mauves achetées à la brocante. Si la vie vous cogne dessus, autant boire son thé dans de jolies tasses à fleurs bleues et mauves, n'est-ce pas ?

Accessoirement, je lui ai aussi fourni des mouchoirs.

— Je... me sens trop seule, a-t-elle hoqueté en se tamponnant les yeux. Je ne pensais pas que ce serait si dur sans Grégory.

J'ai refait un autre thé parfumé. Pour moi cette fois.

— Il te donne des nouvelles, non ?

— Bien sûr, régulièrement. Par téléphone. Ou à la radio de la capitainerie. Et une fois par semaine, il m'envoie une vidéo de sa vie à bord...

— ... où il te dit qu'il t'aime, les yeux dans les yeux. Mais ce n'est pas si mal, Laure ! C'est même assez génial. Sais-tu qu'un tas de gens peuvent habiter la même ville et se parler, ou se voir moins que ça ?

Laure a regardé autour d'elle. Elle a soupiré.

— C'était convenu comme ça, non ? dis-je. Grégory n'en pouvait plus d'être sur la terre ferme. Il était comme un lion en cage. Tu verras, quand il reviendra, ça sera beaucoup mieux entre vous.

Elle a reniflé.

— Je sais, dit-elle. N'empêche. C'est dur quand même.

— C'est probablement à cause de l'appart. Il est trop lié à Grég. On appelle ça « la nostalgie ». Il faudrait que tu ailles habiter ailleurs.

— Peut-être. Mais tout est si cher par ici ...

Là, ma grande idée a encore pris quelques centimètres. Mais motus.

Mercredi, dix jours plus loin...

Ce midi, deux types ont débarqué à La Plage. L'air pas avenant du tout. Des manières de Blues Brothers... Ils ont demandé si je savais où était l'Américain. Le cœur battant, craignant qu'on ne s'aperçoive que je mentais, j'ai affirmé que je ne connaissais aucun Américain à Saint-Tropez. Colette, du club *Ibiza*, qui connaît tout le monde et qui déjeunait près du ponton avec un de ses fournisseurs, m'a questionnée après leur départ :

— Qu'est-ce qu'ils te voulaient, ces deux lascars ?

— Je ne sais pas.

— Ce sont des flambeurs professionnels. Ils plument les pigeons au poker. Mieux vaut ne pas trop s'y frotter...

J'ai attendu vingt minutes. Puis je me suis isolée en bas, dans le « sous-marin », et j'ai appelé l'hôtel *Mykonos.* J'ai demandé la chambre de M. Michael White.

Le réceptionniste m'a fait attendre. Il a effectué des recherches. Il a fini par m'annoncer :

— Désolé. Nous n'avons aucune personne à ce nom, ici.

Vendredi, neuf jours plus loin...

Lovely Buddy

J'ai dit qu'on était sur la même longueur d'onde, Louis et moi ? Eh bien, de moins en moins ! La vie à deux, quand il n'y a plus de vie à deux, c'est *very complicate.* Les copines de Louis, ça devient carrément galère. Pour lui et pour moi. Lui, parce qu'il est obligé de me prévenir quand il va débarquer au studio avec quelqu'un. Moi, parce que je dois presto libérer le plancher et me trouver une activité pendant que Louis et sa conquête occupent les lieux.

L'avantage, quand on a un sac avec six cents grammes de linge, cinq shorts, une mini, et six tee-shirts (ma garde-robe, comme vous le voyez, s'est enrichie depuis mon arrivée, mais reste raisonnable en poids et occupation d'espace), l'avantage, disais-je, c'est qu'on peut improviser et faire du camping.

J'ai donc fait du camping chez une copine, cliente de La Plage. Puis chez une autre, une amie de Claude, le père de Louis et Grég. Pas désagréable. Mais j'avais envie de me poser, d'être chez moi *pour de vrai*, comme dit Caro.

Dans le même temps, je décortiquais les petites annonces de tous les journaux et « gratuits » de la côte.

Rien. À Saint-Tropez, tout est astronomique. La moindre ruine coûte la peau des fesses. Mais ce que je dis est de la pure science-fiction, vu qu'il n'y a AUCUNE ruine par ici. En revanche, de la peau de fesses, on en trouve par kilomètres, chirurgicalement liftée – ce qui la rend complètement i-na-bor-da-ble !

À croire qu'on oublie qu'il y existe des gens qui habitent là toute l'année et pas seulement l'été ; des quidams qui bossent comme vous et moi, rien à voir avec les *beautiful people* !

Et puis, enfin, après quinze jours de recherches, d'épluchage de journaux, voire de dépiautage...

Lundi d'après

Et donc, enfin, après quinze jours de recherches, d'épluchages de journaux, voire de dépiautage, j'ai lu un truc dans *News Azur* qui m'a fait dresser l'oreille. *News Azur* est un « gratuit » qu'un petit bonhomme roux à salopette kaki dépose par pile de trois cents, chaque semaine, dans un présentoir en plastique, à l'entrée de La Plage.

J'ai bondi : *À louer, Saint-Tropez, villa spacieuse, piscine, vue sur mer.*

Remarquable de discrétion. Je n'y aurais pas fait attention s'il n'y avait eu le montant du loyer. Un chiffre avec pas énormément de zéros. Beaucoup pour moi seule, mais... en colocation, ça devenait franchement sympathique !

J'ai d'abord pensé que c'était le prix d'une location saisonnière à la semaine (leurs prix sont inimaginables !). Mais non, l'annonce se trouvait bien dans la colonne « Habitations à l'année ».

J'avais composé la moitié du numéro... quand un client m'a appelée. Après, c'est une livraison que j'ai dû réceptionner. Après, Louis a eu besoin d'un coup de main pour accueillir les nouveaux inscrits aux cours de planche. Après...

Bref. Au bout de deux heures, je n'avais toujours pas trouvé le temps de téléphoner. C'est alors que Laure est arrivée. Je lui ai servi sa commande et j'ai attaqué dans le vif du sujet :

— Écoute. J'habite chez une copine. Toi, tu habites toute seule. Si on louait un truc ensemble ?

Elle m'a regardée comme si je lui apportais le plus gros diamant du monde ! Elle a souri.

— C'est une idée géniale !

— Que dirais-tu d'une villa avec piscine et vue sur mer ?

— Avec nos moyens riquiqui, on peut chercher longtemps !

— Tu crois ? Lis ça.

Je lui ai poussé sous le nez *News Azur* où j'avais entouré en rouge *Pivoine Piment* (Louis m'avait emprunté mon stylo pour les inscriptions !) l'annonce en question.

Laure a froncé les sourcils. Puis elle a ri, plutôt nerveusement. Elle a revérifié le prix, plutôt sceptiquement.

— Il manque un zéro, non ? a-t-elle dit. Ou peut-être deux ?

— Je ne pense pas.

— Soit c'est un fou à lier. Soit c'est un piège à gogos.

— *Go-go girls*, tu veux dire ? En tout cas, il faut

aller voir ça au plus vite. Ou ça va nous passer sous le nez. Moi, je ne peux pas m'absenter de La Plage. Mais toi...

— Moi ? s'est-elle exclamée. Moi toute seule ? Et si c'était réellement un dingue ?

Lundi soir, vers 23 h 00

Cher Bud,

Ce n'était pas un dingue.

Pas vraiment. Pas dans le sens où on croyait. Juste un type qui ne voulait pas louer sa bicoque bien-aimée à n'importe qui. Pas de bimbos, mais des « personnes sérieuses qui travaillent ». Tout à fait nous, quoi.

Ceci dit, l'affaire a bien failli capoter par ma faute. J'avais conseillé à Laure de se fringuer sexy... Conseil foireux ! L'homme était du genre prude et collet monté. Heureusement, Laure, notre jeune-fille-de-bonne-famille-nationale, a réussi à rattraper le coup. Une étudiante en médecine, ça en jette ! Moi, je n'aurais eu aucune chance. Il paraît que je m'habille *too much*.

Tant pis...

Tant mieux !

On l'a, notre maison !

Mercredi

Buddy de mon cœur,

On est en train de tirer des plans tous azimuts, avec Laure. Je lui ai proposé une cohabitation avec Caroline. Laure est O.K. Mais on n'a pas encore la réponse de Caro.

Demain, on va chiner. Et acheter des rideaux. J'en veux des roses. Laure, des jaunes.

On mettra les deux : jaunes, roses. Et si elle préfère, des bleus, des verts, des orange, je m'en fiche !

On a une maison !

Samedi

Le samedi, c'est important dans la vie d'un bar. On y fait, en un seul soir, la moitié de la recette de la semaine !

Mais il faut être vigilant. Le samedi soir, on se lâche, les hommes sont plus collants, les filles plus facilement rieuses, les bouteilles vides plus nombreuses, les danses plus sensuelles. L'atmosphère garde sa charge d'électricité jusque très tard dans la nuit.

Louis, c'est sa partie. Il a l'œil. Il sait, il sent, son instinct de tête brûlée le guide.

Mais ce soir, je ne sais pas où il était ; la dernière

fois que je l'avais repéré, il dansait avec une sculpturale Estonienne, un plateau dans chaque main.

Quand les deux types sont arrivés, je les ai immédiatement reconnus. Ils se sont postés dans un coin, ils ont commandé une bière et c'est tout. Qu'est-ce que je pouvais faire ? Je les ai servis.

Ce qui m'inquiétait, c'est qu'ils avaient l'air d'attendre.

Ça a duré une bonne heure. Mais il y avait tellement de travail – *Le Saint-Tropez* était bondé – que j'ai fini par les oublier. Louis était toujours invisible.

Soudain, a débarqué une silhouette massive, panama blanc sur cheveux blancs, repérables comme une cible éclairée dans une impasse noire.

Mon regard s'est immédiatement porté vers les deux types. Ils étaient debout. Ils guettaient. Michael ne les avait pas vus et marchait, un large sourire aux lèvres, dans ma direction. J'ai soufflé :

— Michael... Ne reste pas là...

Trop tard. Les deux hommes l'avaient déjà encadré. J'ai regardé autour de moi. Toujours pas de Louis... Je pouvais hurler mais je ne voulais pas provoquer de violences. Je me suis ruée sur le téléphone.

Tout se déroula à une vitesse folle. J'ai vu les deux sbires courir vers la sortie. Où était Michael ?

C'était surréaliste. Dans la semi-pénombre, au milieu des décibels, les gens dansaient, sauf dans un coin, là-bas, où s'était formé un petit cercle. J'ai couru vers eux. Michael se relevait. Il saignait du nez. Ça coulait sur son costume clair. Il a frappé son chapeau contre sa cuisse. J'ai dit :

— Vous êtes blessé...

Il a secoué la tête. Il a haussé les épaules. En silence, il nous a tourné le dos et il a disparu dans la nuit. Quelqu'un s'est écrié :

— Son portefeuille ! Là, sur le sable... Il est tombé !

Mais la nuit avait déjà englouti Michael White. Il n'était plus là, ni sur le remblai, nulle part. J'ai dit :

— Je le lui rendrai quand il reviendra.

Une semaine après

J'ai attendu, mais Michael White n'est pas revenu à La Plage. Et, puisqu'il était inconnu au *Mykonos*, j'ai ouvert le portefeuille, dans l'espoir d'y trouver une adresse.

Je ne peux expliquer pourquoi, mais j'ai attendu d'être tout à fait seule pour ça. Je me suis mise dans un coin afin de n'être pas dérangée.

C'était un faux beau portefeuille. On pouvait croire d'abord à du cuir, mais ce n'était qu'un similili. Dedans, il y avait des tickets de bus usagés, une entrée pour le casino de Monaco, usagée aussi, une pièce d'un euro et une photo. Cette photo était à demi cachée. Je l'ai tirée (doucement, elle semblait ancienne) hors de l'étui.

Oh, Bud ! J'ai tout lâché ! et mon cœur a littéralement explosé !...

La photo représentait un homme jeune, en costume blanc et panama, Michael White vingt ans auparavant. Il tenait dans ses bras une fillette blonde pleine de taches de rousseur...

Le même soir

Je tenais toujours la photo dans ma main droite. Dans la gauche, je tenais une autre photo... Une autre ? Ou sa jumelle ?

La fillette blonde était la même. Mais sur la deuxième photo, elle était seule. Quelqu'un (moi) avait découpé aux ciseaux, fait disparaître l'homme en blanc. Ma photo à moi était celle d'une petite fille qui n'avait pas de papa.

Michael White était le papa de cette petite fille-là. Et Michael White était mon papa puisque cette petite fille-là, c'était moi.

Encore une semaine après

Oh, Bud... toi, tu le savais depuis le début, n'est-ce pas ?

J'ai reçu une lettre de lui. Son nom n'est pas Michael White. Mais il a fait tellement de conneries, il traîne tant de dettes, tant de casseroles derrière lui qu'il lui a bien fallu changer de peau et d'état civil un jour. Veux-tu que je te lise, Bud, ce qu'il m'écrit ?

Ma petite fille adorée, mon amour,

Maintenant je sais qu'on ne reconstruit pas ce qu'on a défait. On peut à la rigueur sauver quelques morceaux... J'ai eu envie de te voir de près, ma petite fille, de te parler, de connaître le son de ta voix... Toutes ces années, il ne s'est pas passé un jour, une heure, une minute sans que je pense à toi. Je t'aime. Je t'ai toujours aimée. Je te le dis même si je ne suis pas sûr que tu me croies. Je t'ai raconté beaucoup d'histoires. J'ai essayé de passer auprès de toi pour un homme riche, un homme important. C'est faux. Je survis, je vivote en jouant, en bluffant, en faisant des chèques en bois, en payant avec des cartes plus ou moins valables. Je ne suis pas fier de moi. Il n'y a que toi dont je suis fier. Toi seule, Jessica. Durant ces années loin l'un de l'autre, j'ai suivi ton parcours à distance, je t'ai observée, je sais que tu es une fille bien. Comme ta mère. Je l'ai follement aimée. Seulement, je ne suis jamais devenu adulte, je n'ai jamais véritablement grandi... Et j'avais tellement envie de vivre !

On se reverra, Jessica. Je le sais. Toi aussi, n'est-ce pas ? Si tu ignores où je me trouve, moi je saurai toujours où tu es. Nous nous reverrons, c'est une promesse.

Ton père qui t'aime.

Chasse au trésor…
chasse à l'amour

Un jeudi de septembre

Mon pauvre, pauvre Buddy,

Je t'ai abandonné un sacré bout de temps… Pardon, pardon, excuse-moi. Mais j'étais tellement tourneboulée. Je ne pouvais parler à personne. Même à toi. C'était trop douloureux.

Je vais mieux. Et je m'en veux de t'avoir abandonné dans ce tiroir. Je sais trop bien ce que c'est être abandonnée…

Tu te rappelles… Oui, avant le jour où le caïman du zoo d'Orlando t'a avalé ?… Je t'oubliais souvent dans le jardin, et comme par hasard il pleuvait systématiquement ces nuits-là. Ou bien quand je voulais te faire goûter une tartine au *peanut butter*. Au final : c'était toi la tartine ! Ta fourrure était maculée. Et alors je te lavais. Et alors tu devenais un peu plus sale, un peu plus pâle.

Je viens de te délaisser quelque temps… mais pense que, depuis que tu es devenu un cahier, l'oubli est moins flippant pour toi ! Parce que, Buddy Willoughby, tu n'existes aujourd'hui que par ce journal intime.

Tu t'en doutes, si je ne t'ai pas ouvert tout ce temps, c'est à cause de...

Désolée, Bud. « Papa » est un mot trop douloureux à écrire.

Deux heures après, plus sereinement

Mais j'ai un billion d'autres très bons motifs... Côté boulot, je n'ai pas arrêté ! Pas une minute ! Claude a acheté des jet-skis... Louis a organisé des compétitions... Tu imagines le rush ! Saint-Tropez, c'est... « Wwffff !!!!! », et « Brgggghh ! », et aussi « Zzwiiiikk ! ».

Je suis contente de te retrouver.

Mais, si je ne t'ai pas ouvert avant, eh bien, c'est que

... je n'avais rien à raconter. Rien de magnifique, ou de rock'n'roll à te mettre sous la dent, mon petit Bud vert. Ni romance somptueuse. Ni béguin torride. Ni coup de foudre voluptueux. Ni intrigue. Ni passion. Ni flirt. Ni liaison. Rien.

Little Jess is a lonely girl... Je soufflerai cette phrase à Caroline. Ça fera peut-être le titre d'une chanson.

Il n'y a qu'une chose que je n'ai pas abandonnée : la danse. C'est mon meilleur antidépresseur.

Laure a entamé son stage à la clinique des Lices. Ça n'avait pas très bien commencé... Mais aujourd'hui, elle est enchantée... Y a-t-il cause à effet ?... J'ai cru comprendre qu'il y avait là-bas un certain docteur Mondino. Je n'en sais pas davantage.

Elle attend toujours Grégory. Qui se manifeste moins souvent qu'au début de sa traversée... *Wait and see.*

Caro vient d'emménager avec nous. Samuel est en cure de désintoxication. Elle est enceinte de lui. Elle ne lui a rien dit. Et il y a Patrick Saint-Val, le comédien. Elle me jure qu'il n'y a pas d'amour entre eux. Elle est bien la seule à le croire (si elle le croit) !...

Voilà. Tu possèdes le gros des infos, cher Buddy Willoughby *of my heart.*

En parlant de cœur (du mien, pour dire la vérité)... je me demande parfois si je ne ferais pas mieux d'être une grenouille. Au moins, elle, elle a l'espoir de tomber sur le Prince Charmant qui la changera en princesse.

Moi, mon indice d'espérance s'est arrêté au niveau zéro. Et pour un bon moment, j'ai l'impression !

Pardonne-moi, Bud, mais il vaut mieux que j'aille me coucher. Ou tout le monde dans cette pièce va se mettre à chialer. Même les meubles...

Trois jours après, en pleine nuit

J'adore le mois de septembre !
J'adore le mois de septembre !
J'adore le mois de septembre !
Surtout le dimanche.
Et surtout en pleine nuit !

Une heure plus tard, même nuit

Oh, Buddy !

Tu me prends pour une folle. Tu as raison. Mais je crois que, si je suis encore la grenouille citée plus haut, je ne suis plus très loin, non plus, de devenir princesse !...

J'ai rencontré un garçon.

Ce qui s'est passé vendredi

Bon, je te raconte tout, tu en meurs d'envie, je sais.

C'était vendredi, au bar. Claude (papa de Louis et de Grégory, et accessoirement propriétaire de La Plage *Saint-Tropez*) était passé tôt pour relever la comptabilité. Un mec sympa, Claude. Un peu gueule cassée. Touchant. Il a été flic, dans une vie antérieure. Tout en s'occupant de la réinsertion de jeunes délinquants à la mairie. Il a fait un boulot tellement magnifique, avec une telle énergie, qu'il est devenu un élu. Il a laissé tomber le métier de flic pour se consacrer à plein temps au bien social.

En plus, il a un autre (très grand) mérite pour moi : il s'est occupé de mes papiers de séjour. Grâce à lui, je fais un boulot que j'aime, dans le pays que j'aime, dans la ville que j'aime. En me déléguant La Plage *Saint-Tropez*, il me prouve sa confiance.

Justement. C'est de ça qu'il s'agit. Vendredi, donc, il arrive et m'annonce :

— Jessica, je vais m'absenter une douzaine de jours.

Et hop ! il me met entre les bras un dossier épais comme ça.

— C'est quoi ?

C'était rempli de factures, de fiches « fournisseurs », de bons de commande, de notes, d'attestations ; et il y avait aussi le chéquier et la carte bancaire pour payer tout ce qui concernait la petite entreprise. En résumé : je tenais la vie entière de La Plage entre mes mains !

Il m'avait déjà confié les affaires, une fois ou deux. Mais jamais tout ça ! Pas cette énorme trésorerie. Là, pour la première fois, il me donnait du lourd, de la grosse machinerie ! Pendant une seconde, j'ai eu un vertige de panique. J'ai chuchoté :

— Tu es sûr ? Le chéquier de La Plage ? La carte ? Tu me mets sacrément la pression, là, Claude ! Et si je perds tout ? S'il arrive... je ne sais pas... un incendie, une attaque à main armée ? Une galère ?

Il m'a fait une grimace rassurante.

— Y aura pas de galère. T'inquiète.

J'ai regardé autour de nous. Il n'y avait qu'une personne, un garçon avec un gilet en cuir et un chapeau en daim, mais qui se trouvait complètement au bout du bar, à une telle distance qu'il avait peu de chances de nous entendre. D'ailleurs, il ne s'occupait pas de nous. Je me suis retournée vers Claude.

— C'est une grosse responsabilité ! ai-je rechuchoté.

— À qui d'autre que toi pourrais-je confier tout ça, hein ? Louis est une galère à lui tout seul... et de toute façon il est à son stage de gestion pour trois semaines. Donc, pas le choix. Ou c'est toi, ou on ferme La Plage pour travaux.

J'ai soupiré :

— Bon...

Ce n'était pas fini. En conclusion – cerise sur le gâteau – il m'a tendu un imprimé blanc et bleu. Il m'a tapoté la joue, avec un clin d'œil malicieux.

— Tiens. La clef du trésor.

— ???

— Ma procuration à ton nom pour la banque. Si tu veux t'enfuir avec la caisse et ton amoureux, je ne pourrai rien contre toi.

— Alors là, sois tranquille : je n'ai pas d'amoureux !

Après une mimique taquine, un bisou paternel, et un petit signe d'adieu, Claude est parti. Pour douze jours.

Je suis restée une minute interminable, l'air un peu pomme, à contempler le gros dossier, à me demander où j'allais planquer cet encombrant bébé. Finalement, je suis descendue dans la réserve et j'ai tout mis dans un tiroir qui fermait à clef.

Quand je suis remontée, plusieurs nouveaux clients s'étaient installés aux tables et au bar. J'ai servi. Ensuite, a débarqué Luigi, le livreur de jus de fruits, avec sa cargaison de trente caisses.

Pour souffler un peu, j'ai lavé les verres. Caroline est arrivée au rinçage du dix-septième.

— Salut ! dit-elle en m'embrassant. Tu as besoin d'aide ?

Elle était ravissante dans sa robe à grands tournesols jaunes qui moulait son petit ventre rond. J'ai rétorqué :

— Non, laisse.

Mais elle n'a pas écouté. J'avoue qu'en sa compagnie, les trente verres qui restaient sont passés comme des lettres à la poste.

— Alors ? dis-je. Quand est-ce que tu deviens notre coloc' ? Il y a tout ce qu'il faut à la villa : piscine, vue sur mer, deux salles de bains...

— J'hésite encore. Patrick m'a proposé de venir m'installer chez lui.

— Ho ho ho...

— Attends. C'est pas ce que tu imagines. On est juste amis.

— *Of course.*

— Je t'assure, Jess. Dans le genre amours foireuses, j'ai assez donné, tu ne crois pas ? Plus jamais.

— Tu ne devrais pas être aussi méfiante. Patrick Saint-Val a l'air gentil avec toi.

— Il l'est. Gentil. Tendre. Patient.

(Je ne sais pas ce que tu en penses, Bud, mais pour moi, des mots comme ceux-là, montraient autre chose qu'une simple amitié. Mais bon.)

— Bon ! dis-je. On fait quoi, ce soir ? On va à ce concert dont tout le monde parle ?

Caroline a secoué la tête.

— Je dîne avec Patrick... mais sans arrière-pensée, je te jure ! a-t-elle ajouté en voyant mon air goguenard.

— Un mec t'invite à dîner, puis à t'installer chez

lui, et tu le crois vraiment sans arrière-pensée ? Quel oiseau rare !

— Non. Ça s'appelle de l'« amitié ». Et pas question d'autre chose ! Il faut me croire.

— Je te crois, dis-je en croisant les doigts comme papa m'avait appris à le faire quand on ment... Tiens, tu veux ranger ça en bas ?

Caro avait à peine pris l'escalier qu'un type en maillot rayé s'est avancé vers le bar. Il a fait « Toc toc toc ! », impatient, avec son poing sur le zinc.

— Alors ! Ce jus d'ananas ? C'est pour aujourd'hui ou pour demain ?

Ooooh. *Damned.* Le jus d'ananas ! Je l'avais complètement oublié, celui-là. J'ai bredouillé :

— Oui, oui, tout de suite. Excusez-moi.

Une voix d'homme a lancé :

— On ne parle pas à la demoiselle sur ce ton. On dit « s'il vous plaît ».

La voix était basse, unie, parfaitement tranquille, mais... on devinait qu'elle pouvait devenir la voix la plus dangereuse du monde si elle le décidait.

Le client au maillot rayé a fait la même chose que moi : il a tourné la tête vers celui qui venait de l'interpeller.

Oh, Bud... Tu peux patienter cinq minutes ? Je vais me faire un thé. Je tremble un peu.

Je reprends.

Il est beau. Non. Pas beau. Plus que ça, Buddy ! bien plus ! Il est ce que les Français appellent « une gueule d'amour ». Ses cheveux sont drus, blonds, son regard gris orage, romantique et sauvage. À une autre époque, il aurait été un genre de légionnaire. Aujourd'hui, à l'heure où je te parle, il est... Indiana Jones. Pas loin, en tout cas : gilet en cuir fauve, pantalon de lin, chapeau en daim.

J'ai servi l'autre type qui a posé sa monnaie sur le comptoir, un peu gêné d'avoir été rappelé à l'ordre. Vincent (j'ignorais à ce moment qu'il s'appelait Vincent) a eu un geste de seigneur. Voyant son embarras, il a dit à l'homme, de sa belle voix de basse :

— Non, laissez. Je vous l'offre. Pour l'attente.

Le type rayé est reparti avec son jus d'ananas. « Indiana Jones » a penché la tête pour me scruter sous les bords de son chapeau.

— Vous êtes trop gentille, Jessica. Il ne faut pas vous laisser faire.

Il m'a lancé un long regard, il s'est levé, m'a tourné le dos et s'est éloigné vers le ponton.

Vois quelle idiote je suis, Bud. Je n'ai même pas pensé à lui dire merci !

Lorsque Caroline est revenue, une mystérieuse raison m'a retenue de lui raconter. Je ne sais pas.

Je me sentais chamboulée. Toute la journée, entre deux clients, deux tablées, j'y repensais.

Ça, c'était la matinée de vendredi. Au soir, alors que le store du bar était baissé depuis dix minutes, les dernières planches à voile rangées, j'étais en train de replier les parasols en me croyant seule... C'est un moment très particulier, très spécial. La mer scintille comme du mercure, le soleil bas vous oblige à mettre la main devant les yeux. La plage redevient du sable et de l'eau. Les humains partis, la nature retrouve... eh bien, sa nature.

Soudain, j'ai aperçu une silhouette à l'extrémité du ponton. Je ne me suis même pas demandé qui ce pouvait être, parce que je le savais. Probablement que je l'espérais.

Il m'a entendue marcher vers lui. Il a détourné son regard du soleil couchant. Il ne semblait pas le moins du monde étonné. Si j'avais osé, j'aurais même pu croire que c'était moi qu'il attendait.

— J'adore le soir sur la mer. Je ne m'en lasserai jamais.

J'ai souri, sans savoir quoi répondre. Je me sens toujours godiche dans ces cas-là. Je veux dire : face à la beauté. Cette mer. Le couchant. L'infini. Ce moment. Cette sérénité. Et lui.

Lui qui n'avait pas l'air de trouver mon silence si stupide, mais plutôt normal.

— Tu aimes la mer ? m'a-t-il demandé après une nouvelle minute passée à contempler l'horizon.

Je remarquai qu'il portait un tatouage sur l'épaule. On ne distinguait qu'un trait qui dépassait un peu de sa manche. Je me suis surprise à avoir envie de voir ce tatouage, d'avoir son épaule tout près de mes yeux, de toucher sa peau avec ma joue.

— J'aime beaucoup la mer, répondis-je. Mais... elle me fait un peu peur aussi. On ne sait pas trop ce qu'il y a, là-dessous...

— Des choses monstrueuses. Des choses magnifiques. Exactement comme à terre. Tu as déjà fait de la plongée ?

— Non.

— Je t'apprendrai... (Silence.) Si tu veux.

Quand il a prononcé ça, sur ce ton-là, avec cette voix-là et ce silence-là, je me suis envolée. Proprement envolée !! Mon cœur a quitté sa cage thoracique et s'est échappé en battant comme une cloche. Oui, j'entendais les cloches !

Vaille que vaille, j'ai essayé de redescendre de mes nuages. Il m'a fallu quelques bonnes secondes... J'ai dit :

— Tu es... plongeur ?

— Je m'occupe de fouilles sous-marines, oui.

Je n'en croyais pas mes oreilles. Et on s'imagine

qu'ils n'existent que dans les livres, ces mecs-là ! J'ai souri.

— Tu cherches des trésors ?

Impossible de retenir ce petit rire... que j'ai regretté aussitôt, parce qu'il avait résonné sans poésie, inculte, même franchement plouc, dans toute cette splendeur illuminée du soir au-dessus de la mer.

Mais il n'a rien remarqué, ni mon rire, ni mon remords. Il était ailleurs.

— J'en cherche, répondit-il. Parfois j'en trouve.

Je n'ai plus ri. Mais son regard, aigu, a croisé le mien.

— Tu ne me crois pas ? Tiens, regarde.

Il a baissé le front, il a retiré le médaillon qu'il portait à un cordon de cuir noir autour de son cou. Il s'agissait d'une pièce d'argent, plus très ronde, usée, cabossée, avec un profil en relief.

— Elle a plus de deux mille ans.

J'avoue... Là, ça m'a assise ! De quoi être secouée, non ? À vrai dire, c'était moins ce médaillon vieux de deux mille ans que le fait d'avoir devant moi, en chair et en os, un de ces fous authentiques qui parcourent la planète pour ressusciter un coffre, des amphores, une vaisselle, des bijoux... Bon, d'accord, Bud, on est tous un peu influencés par l'histoire du *Titanic*, mais enfin, ce n'était plus du cinéma : on était dans le réel, et c'était dingue !!

— C'est dingue !! Où tu l'as trouvée ? Comment tu l'as trouvée ?

Il a eu ce que je n'appellerais pas « un sourire », mais « un étirement paresseux et amusé des lèvres et des paupières ».

— Ce sera long. Faut du temps pour raconter toute l'histoire... On dîne ensemble ?

Penser était devenu la chose la plus difficile du monde. Réfléchir ? Complètement impossible. J'ai murmuré : « O.K. ! » Il a souri, d'un vrai sourire pour le coup. Il m' a tendu la main :

— Moi, c'est Vincent.

— Jessica.

Pardon, Buddy, mais mon thé est tout froid. Je cours en refaire.

Nous sommes allés dans un petit resto espagnol sur le port. Et là, pas le moindre doute... Lorsque je me suis mise à avoir une envie foldingue de gambas à la plancha avant même d'avoir lu l'intitulé sur le menu, j'ai compris que j'étais en train de tomber raide amoureuse !...

Quand je suis amoureuse, j'ai toujours envie de gambas à la plancha.

Il m'a fait découvrir un petit vin andalou, très

doux, très fruité. (Deux jours plus tard, je garde son goût sur mes lèvres.)

Vincent m'a raconté qu'il se trouvait à Saint-Tropez parce qu'il espérait la réponse d'un sponsor.

— Je ne veux pas trop attendre. Dans ce travail, il faut être hyper-rapide. Ou l'affaire vous file sous le nez. Ça m'est arrivé, il y a deux ans. J'avais mis des mois à monter toute mon expédition, trouver un mécène, du matériel, à faire des repérages. Et bang ! Trop tard ! On a été doublés par une deuxième équipe. Un galion au large d'Hispaniola. Faut dire qu'on est rarement seul sur ce genre de coup.

Je buvais. Le petit vin andalou par gorgées, et ses mots un par un. Divinement grisée.

— Cette histoire m'a cassé un bout de temps, tu sais. Je commence à peine à m'en remettre.

Il s'est esclaffé brusquement, sans transition, m'a toisée, un soupçon de dérision au fond de ses yeux gris orage.

— Tu dois me trouver fou avec toutes mes histoires !...

J'ai secoué la tête avec ardeur.

— Oh non. Oh non, je ne te trouve pas fou. Je t'envie follement au contraire ! Ma vie, à moi, est tellement, tellement...

J'ai cherché un autre adjectif que celui qui me

venait, moins désespéré, moins foudroyant. Je n'ai rien trouvé de mieux. Alors j'ai fini par le dire :

— ... ordinaire !

Il s'est penché vers moi, sa main large et chaude a enveloppé la mienne sur la table. J'ai bien senti que mon sourire chavirait. J'ai demandé :

— Tu chasses un trésor en ce moment ?

— Il y a toujours un trésor à trouver.

Son regard caressant était sans la moindre équivoque.

— Si tu veux savoir si j'ai une nouvelle épave en vue, je te réponds : « Oui, bien sûr. » Cette fois-ci, mes renseignements sont en béton et mon équipe en saura le minimum jusqu'au dernier moment.

— Elle est par ici ? L'épave ?

— Échouée au XVIIe siècle au large, dans la baie de Saint-Tropez. Tu as dû regarder mille fois dans sa direction.

Si je n'avais pas été assise, je serais tombée sur ma chaise ! Tu imagines ça, Buddy ? Un trésor naufragé à quelques milles de notre bonne vieille ville !

À ma mine ahurie, Vincent a souri.

— Parfois, l'aventure est juste là. Pas loin.

Le gris orage a achevé de noyer mon pauvre cerveau déjà pas mal ramolli. J'ai senti le moment où les effets de ses paroles et du petit vin andalou deviendraient ingérables... J'ai empoigné mon sac.

— Il est tard, murmurai-je.

Le sourire qu'il m'offrit alors fut le cadeau absolu de cette soirée.

— C'est vrai, dit-il, une note joyeuse dans sa voix chaude. Le meilleur moment pour aller se baigner !

Et on est allés se baigner...

Une petite crique sauvage et déserte, où les vagues couraient sur le sable avec des pétillements de champagne, où les grillons dans les pins étaient plus nombreux que les étoiles par-dessus nous. Et la nuit fabuleusement chaude.

Nous sommes entrés dans l'eau en riant, en nous éclaboussant, en faisant la course. Nous en sommes ressortis engourdis de bien-être et d'eau salée, ruisselants, ma main dans la sienne. Je me suis arrêtée à la lisière des vagues. J'ai fermé les yeux très fort, j'ai pensé :

« Si l'eau touche mes orteils, je ne le reverrai plus jamais. Si elle ne les touche pas, c'est qu'il m'aime et qu'il reviendra demain. »

Il m'a soulevée dans ses bras à ce moment-là. Juste avant que mes orteils... Nous avons basculé ensemble dans la douceur du sable sec. Quand il m'a embrassée, ses lèvres avaient gardé le goût sucré du petit vin andalou.

Il faisait encore nuit lorsque nous sommes rentrés à la villa. Les pieds nus, du sable plein les cheveux, étourdis. Le vent soufflait dans les pins. J'ai poussé la grille et nous avons lentement remonté l'allée.

— C'est super beau ici ! Ça doit coûter cher...

La piscine, surtout, l'impressionnait. J'ai expliqué :

— Sûrement, mais ce n'est pas à moi. On se partage la maison avec deux amies. Ça divise le loyer par trois. En plus, le proprio nous a fait un prix.

Laure passait le week-end chez ses parents. Nous avons fait attention à ne pas réveiller Caro, là-haut. Sitôt sous la couette, nos corps se sont pelotonnés l'un contre l'autre, et le sommeil nous a cueillis à un moment où je souriais, je crois.

«J'ai l'air costaud comme ça, mais...»

Ce qui s'est passé samedi

Au matin, je me suis réveillée la première.

La tignasse blonde de Vincent était inclinée vers moi, son bras en travers de l'oreiller, les doigts écartés devant ses yeux clos, dans cette pose qu'ont les personnages dans les films qui font peur, quand la Chose abominable va fondre sur eux. Son front était tout crispé. De quoi pouvait-il rêver ? Qu'est-ce qui lui donnait cette expression si tourmentée ? si farouche ?

Quelque chose a attiré mon regard. Ce que je croyais être un tatouage qui dépassait de la manche de son gilet, hier, était en réalité une balafre. Un long sillon brun, très creusé, qui allait de la jugulaire au biceps. Une blessure comme celle-là avait dû faire très très mal.

J'ai embrassé ses paupières, puis le sillon brun. Il a ouvert les yeux et m'a souri. Nous nous sommes contemplés en silence. Il a chuchoté :

— Tu me fais penser aux figures de proue des navires anciens. Elles représentaient souvent des déesses.

J'ai ri. Désolée, Bud, mais là encore, je n'ai pas pu m'en empêcher ! Ce garçon avait le don de vous sortir de ces trucs impossibles aux moments les plus ahurissants...

J'ai émis un bruit (quelque chose du genre « Fff-frrrrrr ! ») avec la bouche.

— Arrête ton char, tu veux.

Mais il a continué, imperturbable, comme si je n'avais rien dit, en conservant cet air parfaitement grave :

— ... Elles accompagnaient leurs traversées, savaient calmer les tempêtes, retourner un vent contraire, faire reculer les vagues...

Il avait l'air sérieux. Ce qui m'a proprement décontenancée.

— Je n'ai pas autant de pouvoir, ai-je chuchoté, la voix un peu vacillante.

— Le pouvoir des gens comme nous, c'est la passion.

La façon dont il prononçait ces paroles vous envoyait comme des flèches, droit dans le cœur. J'en ai été si émue, si bouleversée que je n'ai pu dire un seul mot. Il m'a reprise dans ses bras et a déposé un baiser, tout léger, sur mes cheveux. Ma joue a roulé sur son épaule, près du sillon brun. Que j'ai caressé avec mon pouce.

— Comment tu t'es fait ça ? ai-je osé lui demander.

Il a jeté un bref coup d'œil.

— Oh ça... À Chypre. Une hélice de moteur...

— Tu aurais pu mourir ! ai-je soufflé.

— Je n'ai pas peur de mourir.

La phrase claqua comme un coup de poing. Il s'en aperçut, son visage se radoucit. Il eut son petit rire que je commençais à bien connaître, qui signifiait : « M'en fous, si tu savais ! »

— J'aurais plutôt peur de mal vivre, a-t-il précisé.

Son regard chavira quelque part, loin, vers un lieu où je n'avais plus ma place. Pendant une minute, je n'ai pas osé parler ; à peine respirer. Quand enfin il s'est retourné vers moi, il a soupiré et m'a pincé gentiment l'oreille. Je lui ai pincé gentiment le menton.

— À quoi tu penses ?

— À mon projet. J'ai hâte que tout soit réglé, j'ai hâte de plonger ! ça me manque ! Si tu savais... Tiens, regarde, je n'ai même plus de combinaison. La mienne était tellement vieille, tellement pourrie qu'il a suffi d'une raie, au large des Bijagos, pour me la bousiller d'un coup de queue.

— Qu'est-ce que tu attends pour en racheter une ?

— Cette subvention qu'on m'a promise. Je t'en ai parlé. Dès que le fric se débloque, j'appelle l'équipe... et à moi l'épave.

— ... Et son trésor.

Bizarrement, ce mot pour vieux bouquins d'aventures scoutes ne me faisait plus rire. Parce qu'une idée venait de me glacer tout entière :

— Et ensuite, tu partiras ?

Il s'est tourné vers moi, a plongé son regard intense dans le mien, a caressé mon front :

— Ensuite ?... Je ne sais pas. On verra.

J'ai retrouvé Caro en plein petit déj'. Un petit déj' de femme enceinte qui n'a pas de nausée et qui a perpétuellement faim : tartines, croissants, céréales, yaourt, fruits...

— Qu'est-ce que tu prends ? a-t-elle demandé. Des œufs au bacon ? Tiens, je m'en ferais bien aussi...

— Va pour les œufs au bacon. Quoique, moi, ce serait plutôt gambas à la plancha.

Elle secoua la poêle, l'air subitement rêveur. Versa un peu d'huile dedans.

— Des gambas ?... C'est une riche idée pour un petit déjeuner, dis donc...

— Stop. Je disais ça parce que... j'ai toujours envie de gambas quand je suis amoureuse.

— Hmm hmm. J'ai en effet remarqué que tu avais un invité...

J'ai tiré une chaise à moi – ce qui a provoqué un son ignoble – je me suis assise en face de ma copine et je lui ai demandé, impatiente, limite frétillante :

— Le coup de foudre !! Tu y crois ?

Elle a mastiqué sa bouchée avec circonspection, tout en cassant deux œufs dans la poêle.

— Je crois surtout que ça ne dure pas.

Je me suis remise debout, la chaise a refait son bruit désastreux, je me suis plantée à côté de Caroline. J'ai soupiré avec extase :

— Oh... Je ne le connais que depuis hier... et je ne peux déjà plus me passer de lui !!

Du bout de sa spatule, Caro a soigneusement réparti le blanc d'œuf autour des tranches de bacon frit. Quand elle jugea que c'était aussi harmonieux que possible, elle voulut bien condescendre à me répondre. Par une question :

— Comment s'appelle ta nouvelle galère ?

— C'est ton quart d'heure anti-mecs ou quoi ? C'est à cause de Patrick ?

— Tu te trompes. J'aime beaucoup Patrick. C'est un vrai ami. Alors ? Le nom de ton coup de foudre ?

— Vincent.

Elle a retiré la poêle du feu et m'a scrutée en plissant le front :

— Vincent ? Le beau gosse qui se balade tout le temps sur le port en ce moment ? Et sur notre Plage en particulier ? Sapé comme un superhéros de B.D. ?

— Tu l'as remarqué, toi aussi ?

— Il passe difficilement inaperçu. L'autre jour, il a voulu m'offrir une glace.

Le temps de chasser, en apnée, la petite boule de jalousie qui était en train de m'obstruer la gorge... et ma Caroline trancha, nette, sans réplique, dans le vif :

— Il paraît qu'il laisse des ardoises longues comme ça chaque fois qu'il quitte un bar.

Sorry, Buddy, tu vas avoir une piètre opinion de moi, mais sache-le, j'ai eu une envie violente de renverser les œufs-bacon sur le crâne de ma copine.

Et cet après-midi, à La Plage, c'est un Tequila Sunrise que j'ai eu envie de lui jeter à la tête.

— Mais qu'est-ce que tu as ?! s'est-elle exclamée vers le milieu de l'après-midi (cela dit, elle avait été drôlement patiente d'attendre jusque-là pour me faire la remarque !). Je te pose des questions, tu ne réponds pas. On te commande un panaché, tu oublies la bière. On te croit au bar, tu te plantes sur le ponton pour vérifier je ne sais pas quoi. Il y a quoi dans cette petite tête ? a-t-elle conclu en me tapotant gentiment le front.

Mais un peu plus tard j'ai craqué, j'ai fini par avouer :

— Vincent ne connaît personne à Saint-Tropez, à part moi. Je lui ai proposé de l'héberger un temps.

— Eh ben ! Celui-là !... Aussi rapide en affaires qu'en amour !

Elle s'est mordu la lèvre.

— Excuse-moi, Jessica.

— Qu'est-ce que tu as contre lui ?

— Rien. Sauf qu'il a laissé une belle addition, hier, au bar.

La colère a bourdonné à mes oreilles. Je n'ai pas crié, j'ai horreur de ça, mais ma voix a sifflé, dure :

— Ce sera pour moi. Je la paierai. Il me remboursera tout à l'heure.

— Tout à l'heure !...

Caroline m'a lancé une mimique de pitié, l'air de me considérer comme la reine des cruches.

— ... Ma pauvre Jessica, je ne te savais pas si naïve.

— Et toi, je ne te pensais pas si méfiante ! Ni si... méchante !

— Excuse-moi, dit-elle en me prenant par le

bras et levant vers moi un regard sincèrement navré.

Mais je n'étais pas très sûre de vouloir savoir pour quelle raison exactement (ou pour qui) elle était navrée. Cela a achevé de m'agacer.

— Ta relation avec Patrick est loin d'être aussi claire que tu le crois ! Et celle que tu as eue avec Samuel dénature ta façon de voir le monde en général et les hommes en particulier !

— J'ai quelques raisons, non ?

— Je ne vois qu'une solution...

J'ai posé le plateau sur mon bras, puis j'ai remis sur mon nez les lunettes de soleil que j'avais plantées dans mes cheveux.

— Fais une croix sur l'amour ! Pour toujours !

Nous avons éclaté de rire. Notre dispute était enfin terminée. Pour l'instant.

Cher Buddy Willoughby, je t'aime.

Post-scriptum : J'aime le monde entier !

Post-post-scriptum : Gloria Richardson dit que je danse encore mieux quand j'ai l'air heureuse !

Aujourd'hui, dimanche (entre 12 h 00 et 13 h 20)

Presque une heure que je l'attends... Il n'arrive pas.

Pour éviter un clash entre lui et Caroline, j'ai

préféré déserter La Plage pour prendre ma pause-déjeuner en ville. J'avais donné rendez-vous à Vincent dans un café du port, où nous étions censés choisir un restaurant.

T'est-il déjà arrivé de m'attendre, *my lovely iguana* en peluche vert anis ? Oui, n'est-ce pas ? Quand j'étais petite fille, sur la plage de Floride où je t'avais oublié au soleil... Le soir, sur mon coin d'oreiller ? Pas vrai qu'on a l'air d'une noix dans ces cas-là ? On n'espère qu'une seule chose : que ça ne se voie pas qu'on attend !

Mais qui est dupe ?

Après un ultime coup d'œil à ma montre, un autre aux alentours, j'ai fini par prendre mon sac en soupirant. J'ai reculé ma chaise...

Et ô miracle ! surprise ! Vincent était là, devant moi. Pendant quelques secondes, je me suis presque demandé s'il n'avait pas attendu, caché, que je me lève pour apparaître. Mais c'était une pensée grotesque. Quel motif aurait-il eu ?

— Tu allais me poser un lapin ? a-t-il dit avec un sourire désarmant, le sourire qui lui donnait une mine d'adolescent.

Il s'assit à côté de moi et emprisonna mon poignet dans ses doigts. J'avais presque failli me sentir coupable ! Je l'ai observé, ne sachant comment riposter... Je n'avais pas envie de me fâcher. Ni de le fâcher par une parole blessante.

— Je... je croyais que tu ne viendrais plus. Ça fait une heure que..., ai-je balbutié comme si j'étais en faute.

Il a eu un rire désinvolte, aérien. Puis brusquement, il a repris son air grave ; comme s'il n'avait jamais ri. Son regard gris s'obscurcit, devint presque noir.

— C'est quoi une heure ?... Moi, c'est toute ma vie que j'ai passée à t'attendre !

Ça m'a fait comme un poignard brûlant en plein cœur. L'impression exquise et douloureuse que mon ventre allait fondre. J'ai regardé Vincent fixement, pour voir s'il se moquait, voir quelle expression on a quand on dit une chose comme ça à quelqu'un.

Lui me regardait droit dans les yeux, franc et sincère. J'ai baissé la tête et j'ai murmuré, en frissonnant un peu :

— Vincent... Il ne faut pas jouer avec moi. J'ai l'air costaud comme ça, mais... je ne le supporterai pas.

Il s'est penché, m'a pris le menton pour m'obliger à le regarder encore.

— Jessica... Qu'est-ce que tu fais avec moi ?

Qu'est-ce que tu fais avec moi si tu penses que je suis un salaud ?

J'ai secoué la tête.

— Je ne pense rien. C'est juste que... je ne sais pas.

Je me suis levée parce que je m'en voulais de l'avoir blessé, j'avais du mal à soutenir son regard qui ne comprenait plus. J'ai fait signe au serveur, j'ai ouvert mon sac pour payer l'addition. Mais là encore, je n'ai pas fait ce qu'il fallait ou comme il fallait. Vincent a stoppé ma main et il a payé.

Il ne nous restait plus tellement de temps pour un déjeuner au resto. Vincent a acheté du raisin, des pêches, une bouteille d'eau, et nous avons grignoté sur la jetée du port de plaisance, en observant les voiliers qui allaient et revenaient.

Je me suis dit :

Voilà. Tout est parfait. Absolument parfait. Vincent est là, près de moi. Son bras autour de ma hanche. Je vois ce qu'il voit. Je respire ce qu'il respire. N'oublie jamais la perfection de ce moment-là...

J'ai posé ma tête sur l'épaule de Vincent. Sa main a glissé sous mon débardeur, m'a caressé les reins.

— Tu sais quoi ? a-t-il dit. Je vais te confier un secret. Un vrai secret que je n'ai jamais révélé à personne. Tu le gardes pour toi, juré ?

J'ai levé la main :

— Je le jure.

— Si mon projet aboutit...

— Il aboutira ! ai-je lancé avec ferveur.

— ... je vais gagner un maximum de fric. Et alors...

— Alors ?

— ... je pourrai réaliser mon rêve...

Sa main a cessé ses caresses.

— ... Acheter une île dans le Pacifique. Oh, un atoll tout petit, minuscule... À des kilomètres de tout. Je l'ai découvert par hasard, un jour. J'y suis resté deux mois. Seul avec mon équipe. Un paradis. Un kilomètre de long sur un demi de large. Des poissons plein le lagon. Des palmiers, des manguiers, des arbres à pain. Et une petite colline avec une source d'eau douce... Cette île n'a pas de nom. C'est... « mon île ».

Il a approché sa bouche de mon oreille, y a glissé tout bas son souffle et ces mots :

— Je t'y emmène avec moi... Tu veux ?

C'était trop fort, trop bouleversant, trop... tout ! J'ai renversé la tête pour qu'il m'embrasse.

Je me suis étendue sur la pierre du parapet, toute sèche et toute chaude de soleil. Vincent s'est installé à mon côté, appuyé sur un coude. J'ai poussé un long, long soupir :

— Tu imagines ? Quitter mes amis... La Plage... Tout ça...

— Attends. Tu ne vas pas moisir ici. Il faut avoir de l'ambition, Jessica.

— Avec Laure et Caroline, on s'aime beaucoup. On partage tout.

— Je ne connais pas Laure, et Caroline a l'air sympa, c'est vrai. Mais...

J'ai repensé à tout ce qu'elle m'avait dit sur lui, ses critiques dures. J'ai fermé les yeux, le ciel trop bleu me faisait un peu mal.

— Tu connais Caroline ?

Je me suis rendu compte que je retenais mon souffle.

— Elle m'a abordé l'autre jour sur La Plage. Elle m'a offert une glace.

J'ai relevé la tête, surprise, la main en visière.

— Caroline ?! Caroline t'a offert une glace ?

Voilà qui ne concordait pas du tout avec la version de Caro. Il a souri, a haussé un sourcil légèrement moqueur :

— Qu'est-ce que tu crois ? Il arrive que j'aie du succès auprès des filles.

Il a ri devant mon air, m'a planté un baiser de dessin animé sur le nez, un bisou très *smack*, gentiment railleur.

Et puis, à sa manière inattendue, mais que je

connaissais bien maintenant, il a subitement retrouvé son air grave et profond :

— Mais il n'y a que toi qui m'intéresses.

Il m'a embrassée. Ce baiser-là était, lui aussi, grave et profond. Sa voix chuchota :

— Que toi !

Dimanche, suite (entre 13 h 20 et 15 h 00)

Tout l'après-midi j'ai eu un mal fou à bosser ! On ne t'a jamais demandé, à toi, si tu voulais partager une île paradisiaque avec Indiana Jones, hein, Bud ? Eh bien, ça venait de m'arriver à moi et il était hyperdifficile de garder les pieds sur terre ! Un endroit plus beau qu'ici, plus magnifique que Saint-Tropez, j'avais du mal à le croire, ou simplement à l'imaginer, mais je faisais confiance à Vincent. Il avait beaucoup voyagé. Et puis... un écrivain célèbre a dû dire que la beauté est plus grande lorsqu'on la partage, *isn't it ?*

J'avais laissé Vincent sur le port, il avait rendez-vous avec les financiers qui devaient sponsoriser ses fouilles. Il avait envie d'activer les choses, il en avait marre de piétiner, il répétait qu'il ne voulait qu'une chose : plonger, plonger, plonger. Et puis il fallait qu'il passe à la poste, il attendait un mandat.

J'ai repensé à l'addition qu'il avait tenu à payer, au raisin et aux pêches qu'il nous avait achetés,

Je suis une chanceuse : qui peut se vanter de travailler à la plage ?

The best !!!

Avec Louis, au temps des amours

Mon père, ce héros...

La danse, ma passion

Après l'effort, la gloire !

Patrick Saint-Val et Caro
(qui prétend qu'il n'y a rien entre eux...!)

Louis, relax attitude !

J'ai besoin du calme apaisant de la baie de Saint-Tropez

Sale quart d'heure pour Louis... piégé entre Caro et moi !

Un petit coup de blues

La vue qui s'étend au pied de notre villa

L'aventure et le bonheur réunis : Vincent !

Saint-Tropez, la plus belle ville du monde !

Brochette de yachts dans le port

J'avais parfois tellement peur que Paolo me quitte...

alors que, visiblement, il galérait côté sous... Je devais faire quelque chose. Tout en ménageant son amour-propre. J'ai fouillé dans mon sac, j'ai extirpé tous les billets qui s'y trouvaient. Il n'y en avait pas énormément, ça pouvait juste l'aider un peu.

— J'ai du liquide si tu veux, dis-je.

— Tu es gentille, mais non.

— Je sais que tu me le rendras.

Il a laissé passer un silence. Il a fini par prendre l'argent. Il m'a déposé un baiser dans le cou.

— Ça, tu peux en être sûre ! Je te le rends dès mon premier chèque ! Merci de me faire confiance, a-t-il achevé dans un murmure.

J'étais soulagée. Je me suis éloignée, le cœur léger. J'avais à peine fait trois pas qu'il m'a rappelée. Pourvu qu'il n'ait pas changé d'avis...

Il est venu vers moi. Il a retiré le médaillon vieux de deux mille années qu'il portait au cou et l'a glissé autour du mien. Le métal et le cuir du cordon conservaient encore la chaleur de sa peau.

Des larmes me sont montées aux yeux. Mais je les ai retenues, elles n'ont pas coulé. Je devinais qu'il aurait horreur de ça, que ça gâcherait tout.

— Il est à toi maintenant, dit-il.

— Tu me le donnes ?

— Ne le perds pas. C'est un objet unique. Il n'en existe pas deux.

— Je ne le perdrai pas. Parce qu'il vient de toi.

— Il vient de plus loin que ça ! sourit-il.

Je suis partie. Ma main pressée contre ma gorge. Le médaillon entre les deux.

En chemin, le hasard a voulu que je passe devant une vitrine d'articles de sport. Mon œil a intercepté un objet. Je suis revenue sur mes pas. J'ai réfléchi. Je n'avais pas cette somme sur mon compte en banque, encore moins sur moi. C'était très cher ! Trop pour moi.

Mais... il en avait tellement besoin, et moi tellement envie de lui faire plaisir !

Je suis partie, puis je suis revenue, j'ai stoppé devant la vitrine où la combinaison de plongée flamboyait... Une petite voix m'a soufflé :

« Tu oublies... De l'argent, tu en as ! Tu as le chéquier de La Plage confié par Claude... La carte bancaire... La procuration... »

Une deuxième voix s'est mise de la partie et a riposté :

« Oh non ! Tu ne peux pas faire une chose pareille !

1re voix : Ce ne sera qu'un emprunt puisque Vincent va bientôt recevoir sa subvention !

2e : Tu en es sûre ?

1re : En ce moment même, il se trouve avec les financiers.

2e : Oui, mais...

1re : Tu pourras le dire à Claude, par pure loyauté... Mais ce ne sera probablement pas nécessaire... Puisque tu auras remis l'argent sur le compte avant son retour ! Tu ne fais que prendre un peu d'avance... Vincent sera heureux plus vite ! »

Je me suis engouffrée dans la boutique...

Plonger !

Le soir

Cher Bud,

C'est avec une sensation désagréable que je suis rentrée à la villa ce soir, avec mon grand paquet (et je l'ai éprouvée souvent par la suite). Tout le long du chemin, je n'avais cessé de me répéter : « Vincent ne sera pas là. La chambre sera vide. Ses affaires emportées. Et ce sera comme si j'avais totalement rêvé ce mec. »

Peut-être est-ce parce que, même lorsqu'il se trouve en chair et en os devant moi, ce garçon demeure insaisissable...

Mais non. Vincent était là.

La porte était ouverte. Il feuilletait un magazine de nautisme. Je me suis approchée par-derrière, sur la pointe des pieds, en faisant attention de ne pas faire de bruit avec le grand sac plastique du magasin de sport.

Je suis arrivée tout près, j'ai posé mes mains sur ses paupières.

— Ferme les yeux !

Il a obéi, j'ai ôté mes mains et j'ai calé le sac sur

ses genoux. Il a laissé choir le magazine. Il a fixé le sac, m'a regardée. J'ai éclaté de rire.

— Vas-y ! Qu'est-ce que tu attends ?... Ouvre !

Il a ouvert. A contemplé la combinaison pliée, sans y toucher. M'a regardée à nouveau. Sans comprendre.

— C'est pour moi ?

J'ai eu comme une bouffée de tristesse. À ce genre de question, pas difficile de deviner qu'on ne lui faisait pas souvent de cadeaux.

— Je pense que c'est ta taille.

Il a déplié la combinaison Néoprène de plongée que je venais de lui acheter. Pardon, *dont La Plage Saint-Tropez avait avancé l'achat*. Triple isolant, doublé d'un nouveau matériau qui protégeait non seulement du froid mais aussi des déchirures.

— Tu es folle !

Il s'est levé d'un bond, comme un chat, des éclats de colère dans ses yeux gris.

— Ne te fâche pas, dis-je précipitamment. Considère que c'est ma petite contribution à la réussite de ton expédition. Et ce n'est qu'une avance. Pas un cadeau.

Il a marqué un temps. Puis, brusquement, il a souri. J'ai cru mourir de soulagement !

Il m'a prise dans ses bras et nous avons roulé tous les deux dans le canapé.

— Tu es folle..., répéta-t-il. Folle...

Cette fois avec une tendresse inouïe, et sa voix me faisait fondre tout entière.

— Ça coûte les yeux de la tête ! a-t-il chuchoté.

— Tes yeux... à mes yeux... ont bien plus... de prix que ce truc-là !

Le lendemain

Cher Bud,

Deux fois en peu de temps que j'ai envie de mordre Caroline ! C'est beaucoup quand il s'agit d'une meilleure amie, je trouve !

Je te rapporte notre petite conversation quand je suis arrivée à La Plage. Elle :

— Salut ! Oh, c'est joli, ça ! C'est nouveau ?

Elle a tortillé mon médaillon entre son pouce et son index.

— Il a plus de deux mille ans, dis-je. On l'a trouvé lors de fouilles sous-marines.

Après une hésitation, j'ai précisé :

— C'est Vincent qui me l'a offert.

Erreur énorme. L'expression de Caroline a changé du tout au tout. Elle a gonflé ses joues, a roulé des yeux hilares et a gloussé :

— Ah oui ? Et il l'a volé où ?

Je l'ai foudroyée d'un regard noir et j'ai tourné les talons.

— Ce que tu peux être susceptible ! m'a-t-elle lancé.

Plus tard, juste avant midi

J'ai rejoint le bar du sous-sol, un peu pour boire un verre d'eau, un peu pour souffler. L'endroit paraissait vide (tout le monde était là-haut, au soleil).

Mais il y avait quelqu'un. J'ai parfaitement entendu la voix claire de Caroline qui questionnait :

— Ce que tu bois au bar, je le mets sur ton ardoise qui a déjà une belle longueur ? Ou c'est Jessica qui paie ?

Elle parlait à Vincent qui venait de se servir un baby. Caroline avait sa figure des mauvais jours, ceux où elle envoie la Terre entière balader ! J'ai pris une grande respiration et je me suis avancée, comme si je n'avais rien entendu. J'ai dit :

— Quel peuple là-haut ! Et on n'est qu'à la mi-journée !

— Justement, Vincent se proposait de nous aider ! N'est-ce pas, Vincent ?

Quand elle s'y met, elle peut vraiment être chipie, ma copine ! Heureusement, Vincent restait calme. De sa belle voix grave, il a rétorqué :

— J'aimerais bien. Mais moi aussi j'ai du boulot.

Avant de partir, il a fait un clin d'œil, rien que pour moi. Il m'a embrassée longuement. Un peu trop longuement, peut-être, vu la situation, mais si c'était pour enquiquiner Caro, je lui donnais raison.

Quand il fut remonté, elle m'a toisée. Elle n'arrêtait pas de se hausser sur le bout des pieds et de retomber sur ses talons, de se hisser, de retomber, etc., telle une pile chargée d'électricité.

— Et c'est quoi, exactement, son boulot à lui ? Dragueur professionnel ?

— Qu'est-ce qui te prend, Caroline ?

— Il me prend que ce mec me sort par les yeux ! Ouvre les tiens, Jess ! Il s'incruste partout ! Il se sert dix fois par jour au bar, il ne paie jamais rien !

C'est elle, maintenant, qui me sortait par les yeux ! Je me suis penchée vers elle et j'ai grondé tout bas, près de son visage :

— Ce que consomme Vincent, c'est pour moi, O.K. ?!

— L'addition risque d'être salée ! À force d'être gentille, on devient poire !

Si je restais une seconde de plus, je sentais que j'allais dire des horreurs, des mots sans retour ! J'ai balancé mon torchon et j'ai soufflé, au bord des larmes :

— Oh, et merde... Fous-nous la paix !!

J'ai secoué mon bras, pour me débarrasser de sa main qui tentait de me rattraper. Sa voix, désolée, étranglée, m'a crié :

— S'il te plaît ! Jess...

J'ai gravi l'escalier à toute allure, et on ne s'est plus adressé la parole de toute la journée. Ce soir, elle n'est pas rentrée à la villa. Elle a dormi chez Patrick.

Fin d'après-midi

Vincent est revenu à la fermeture de La Plage. Il a jeté des regards autour de nous.

— Si tu veux t'assurer que Caroline n'est pas là, je te le confirme : elle est partie à 5 heures.

Il a eu l'air soulagé. Il s'est mis à m'aider, à plier et ranger les transats.

— Elle t'a pris la tête ?

— Je ne sais pas ce qu'elle a.

Je me suis tournée vers lui. À brûle-pourpoint, j'ai demandé :

— Vous vous êtes engueulés, elle et toi ?

J'espérais qu'il m'éclairerait à propos de cette histoire de glace, puisque leur contentieux semblait dater de ce moment-là. Mais il a haussé les épaules.

Il a énoncé un chiffre. Et il a ri à nouveau, un rire affreux qui brisait le cœur.

— Tu as cette somme sur ton compte, toi ?

J'ai fait encore non.

— Moi non plus !

Ce soir…

Ce soir je suis seule, entièrement seule dans la villa. Jamais elle ne m'a parue si grande ! Laure est à Nice, elle passe une semaine d'examens à la fac. Caroline est toujours chez Patrick.

Vincent ne m'a pas raccompagnée. Ses affaires sont là, devant moi, dans la chambre… Mais pas lui. La combinaison de plongée neuve est suspendue sur son cintre.

— Je ne serai pas une compagnie très agréable ce soir, Jessica, m'a-t-il dit avant de me quitter sur la place des Lices. Je préfère marcher. Ne t'inquiète pas si je ne rentre pas.

Il ne rentre pas mais je m'inquiète.

À l'aube

Il n'est pas rentré. Et moi je n'ai pas dormi. J'ai ruminé, et ruminé, pour essayer de trouver une solution. Mais je n'ai jamais été très forte pour dénicher des sous. Tout ce que je sais faire pour en gagner, c'est servir des boissons sur un plateau à des gens sur une plage.

Je suis désolée, Vincent. Pardon. Je voudrais tellement t'aider.

Mardi, 11 h 37

Cher Bud,

Je n'ose pas t'avouer ce que j'ai fait ce matin.

Mardi, 11 h 39

Cher Bud,

Si, bien sûr. Je vais te le dire. À toi, je ne peux rien cacher. D'ailleurs, j'ai l'intention de ne rien cacher à personne. Je veux juste choisir le moment d'en parler, de m'expliquer.

Tu seras donc le premier. Je te raconte tout. Écoute-moi bien.

L'idée m'est venue au moment très précis où...

En fait, pour être claire, il faut que je te précise qu'aujourd'hui sonnait le départ d'un groupe de soixante touristes néo-zélandais de l'hôtel voisin. Beaucoup d'entre eux avaient fréquenté La Plage *Saint-Tropez* tous les jours, pendant deux semaines, loué des matelas, des parasols, des coupe-mistral, fait des stages de jet-ski, de planche à voile... sans compter les notes de bar. Pendant que Caroline servait là-haut, à l'air libre, j'ai passé la moitié de ma matinée à faire les comptes, les factures, les notes de frais de tous ces gens.

À la fin, je me suis retrouvée seule, en sueur, avec une pyramide impressionnante d'argent en espèces.

J'ai tout classé en liasses, avec l'intention de porter ça au plus vite à la banque... et c'est là que l'idée m'est venue.

Tout d'abord, sache que jamais – je dis bien « jamais » – je n'ai pensé voler cet argent. Je suis catégorique. Je ne laisserai personne en douter. Dès le début, c'était clair : Vincent rembourserait la totalité dès qu'il trouverait un autre sponsor. J'expliquerais tout à Claude. J'allais même lui proposer des intérêts pour que La Plage ne perde pas un centime dans l'histoire.

Voilà quelles étaient mes intentions, Buddy Willoughby, et gare à toi si tu as la moindre envie de me faire la morale ! Je te répète, il était entendu que j'expliquerais tout à Claude. Il comprendrait. La Plage marchait du tonnerre ! C'est Vincent qui avait besoin de cet argent. À elle, ça ne manquerait pas !

Voilà comment je n'ai pas replacé la pile de billets dans la caisse. Voilà comment je l'ai glissée dans mon sac.

Qui m'a soudain paru ÉNORME.

15 h 00

Un sixième sens... Ou bien la hâte de montrer toutes ces liasses à Vincent ! Tout cet argent qui allait l'aider à réaliser son projet !

Bref, je suis repassée à la villa à l'heure du déjeuner... Bien m'en a pris !

Après la nuit que Vincent avait passée dehors, il était rentré vers 7 heures du matin, livide, les joues bleues, harassé. J'ignore ce qu'il avait fait, je ne lui avais posé aucune question. Mais, depuis, je mourais de peur de ne le voir revenir.

Ce midi je suis donc repassée à la villa puisqu'il ne s'était pas montré à La Plage de toute la matinée. J'ai stoppé sur le seuil de la chambre. Mon sang n'a fait qu'un tour.

Vincent était en train de préparer son bagage.

Je me suis exhortée au calme, j'ai respiré fort, et je suis entrée. J'ai posé mon sac sur le lit, je l'ai ouvert et j'ai sorti les liasses en vrac, les billets ont volé, se sont étalés sur la couette. Après ça, j'ai observé Vincent.

— Regarde ! regarde... C'est pour toi !

En voyant sa tête, j'ai explosé de rire. Je me faisais l'effet d'une héroïne d'Hitchcock. Celle qui se lave les cheveux avant d'ouvrir un long sac jaune rempli de dollars. Ou cette autre qui traverse une nuit de pluie en voiture avec, sur le siège du passager, une enveloppe bourrée de billets. Non, pas celle-là, je ne voulais pas être celle-là : elle mourait sous une douche. Ça m'a fait rire plus fort encore !

Vincent a basculé sur le lit, près de moi.

— C'est quoi, tout ça ? Un héritage ?

J'ai posé ma main sur sa nuque et je l'ai attiré à moi.

— Tu n'as plus besoin de partir.

— D'où ça sort ?

— C'est seulement un emprunt. Fais pas cette tête. On rendra tout quand tu auras ton financement.

Il s'est redressé d'un bond. D'un geste plein de rage, il a envoyé valser plusieurs liasses en l'air.

— Pour qui tu me prends ?! a-t-il hurlé.

— On rendra tout quand tu auras ton financement ! ai-je plaidé.

Je ne m'attendais pas à une telle réaction.

— Reprends tout ça ! Et remets-le à sa place !

J'ai bredouillé :

— Attends... Je le fais aussi pour moi, tu sais... La Plage marche super bien, elle n'a pas besoin de ce fric. Toi, si.

Il a soupiré. Il a laissé s'écouler un interminable silence. Puis il a pris mon visage dans ses mains, l'a attiré près du sien, près du sourire de ses yeux gris. J'ai susurré :

— Du moment qu'on le rend.

Il a hoché la tête. Il m'a embrassée, a murmuré :

— Je t'aime.

J'ai chuchoté, au bord des larmes :

— Je ne veux pas que tu partes.

Le lendemain matin, sous le soleil

Ce matin sous le soleil radieux, Vincent me sourit, radieux. Vincent est un soleil. Mon soleil.

Milieu de matinée

Va-t-il le voir ?

15 minutes plus tard

Il ne le voit pas.

J'aurais aimé assister à sa surprise. Tant pis, je vais devoir lui montrer. Ce matin, Caroline a congé et Vincent a gentiment proposé de me donner un coup de main. Les clients l'aiment bien, je crois. Surtout les filles. Il garde son chapeau pour les aider à enfourcher le jet-ski. Il est très séduisant, Vincent. Elles bourdonnent, s'agitent autour de lui. Mais il n'a pas l'air d'y faire vraiment attention. En tout cas, pas plus que ça.

J'ai vérifié que toutes les tables étaient servies, puis je suis allée le trouver.

— Vincent ?

Il s'est retourné. La fille à qui il était en train d'expliquer la façon de tenir le guidon du jet-ski m'a fusillée du regard.

— J'ai un truc à te montrer.

Je l'ai conduit au ponton. Je lui ai fait signe de s'approcher, de se pencher. J'ai guetté sa réaction. Il a poussé une exclamation :

— C'est pas vrai... Un Zodiac !

Le bateau attendait sagement au bas du ponton. Il attendait quelqu'un, un maître par exemple, comme un animal bien dressé.

— Qui te l'a prêté ?

— Personne. Je viens de l'acheter. C'était prévu depuis longtemps, pour La Plage. On en a besoin, mais chaque fois on a retardé le moment... Voilà. Comme ça, c'est fait.

Un peu longuette, mon explication. Mais je voulais le convaincre de toutes mes forces que c'était vraiment... vrai. Parce que ça l'était, oui. Louis en avait souvent parlé, il rêvait d'acquérir un bon bateau de sauvetage.

Je voulais que Vincent le croie. Pas qu'il se sente mal à l'aise. Je l'ai scruté en oblique, vaguement anxieuse.

— Tu peux t'en servir, dis-je. Quand tu le souhaites. Pour tes plongées.

Mon angoisse s'est fait la malle dès qu'il a souri. Un beau sourire joyeux, sans arrière-pensée, tout au plaisir de pouvoir enfin réaliser ses rêves.

— Tu l'inaugures ?

Il a poussé une sorte de cri de guerre, une clameur de joie et de jubilation.

— Et comment !!!

Il a sauté dans le bateau. Je lui ai lancé la clef de contact.

Et il est parti. Il a filé sur l'eau, au-dessus des vagues, la chemise gonflée par la vitesse. On entendait, au loin, ses cris d'allégresse, des cris de gosse. Et mon cœur s'est rempli de bonheur pour lui.

Début d'après-midi

J'ignorais comment aborder le sujet du Zodiac avec Caroline. Bien sûr, elle était au courant que c'était un projet de Louis. Mais elle ne serait pas dupe quand elle verrait Vincent sillonner la baie avec.

Or, Caroline, finalement, a mis fin à toute discussion en venant me voir au cours d'un break.

— Tu as pu remarquer que ça fait deux soirs que je ne dors plus à la villa. Petit 1 : je suis amoureuse de Patrick Saint-Val. Je sais, je disais le contraire, mais il m'a éclairée. Petit 2 : je m'installe chez lui. Te voilà rassurée pour Vincent ?

J'ai trouvé qu'elle manquait réellement de tact ! Comme si je devais craindre une infidélité de la part de Vincent ! Comme si j'étais la reine des scènes de jalousie !

— Pas besoin d'être rassurée, ai-je rétorqué sèchement. Vincent et moi, on partira dès qu'on aura réglé quelques petites choses ici. Je quitterai La Plage définitivement.

Elle a ouvert de grands yeux. Ça m'a fait plaisir de voir que ça lui faisait de la peine, qu'elle me regrettait déjà. Mais... ça m'a aussi ennuyée de lui causer du chagrin. C'était bizarre, ce double sentiment.

— Quoi !? s'est-elle exclamée d'une voix aiguë, bouleversée. Tu ne vas pas faire ça !... Pas avec lui quand même ! Ma pauvre Jessica, tu as vraiment pété les plombs !

Ça suffisait bien. J'en avais marre de ses remontrances. J'ai tourné les talons sans un mot et je l'ai plantée là.

En moins d'une seconde, elle m'avait rattrapée. Son petit visage plein de fureur et d'incompréhension.

— Jessica !... Il faut que tu saches... Hier, il y

avait une cliente, elle portait le même truc que toi ! Tiens ! Regarde ! Mais regarde !

Je ne comprenais rien à ce qu'elle me criait. La colère bousculait les mots sur ses lèvres. J'ai observé ce qu'elle me tendait : dans sa paume il y avait un médaillon pendu à un cordon de cuir noir. J'ai cru que c'était le mien que j'avais perdu. Mais il était bien là, autour de mon cou.

Celui-ci était son jumeau.

Un froid glacial m'a saisie. J'ai compris ce qu'elle essayait de me dire. En même temps, je ne l'ai pas empêchée de parler ; ça me faisait mal, comme des pointes qu'elle m'enfonçait au milieu de la poitrine, mais je l'ai laissée continuer :

— Ton truc... Ça n'a pas deux mille ans ! Et il n'est pas unique ! C'est une copie tirée à des milliers d'exemplaires.

— Je ne te crois pas.

Je n'ai pas reconnu ma voix.

— Comment il faut que je te le dise pour que tu ouvres enfin les yeux ?!... Jess ! Ce type te raconte des craques ! Ce médaillon, il coûte 35 euros, on en trouve dans toutes les boutiques de musées !

Mon cœur a éclaté. J'ai crié :

— C'est dégueulasse ce que tu fais !

Je me suis enfuie, le cœur en tempête, avec, dans

les oreilles, sa voix qui hurlait mon nom et l'impression horrible que notre amitié était brisée en mille morceaux.

Milieu d'après-midi

J'ai marché longtemps le long de la baie. J'ai contourné la citadelle et j'ai continué encore une heure. J'ignorais où j'allais... Oh, Bud... J'avais la sensation d'un gâchis épouvantable. J'avais sacrifié mon amitié à une fille formidable pour un garçon dont je ne parvenais jamais à saisir les intentions.

Mais Caroline se trompait. Forcément ! Mon amour pour Vincent ne pouvait pas m'aveugler à ce point ! Il m'aimait. De cela, j'en étais sûre ! Sûre ! Absolument sûre !

Un car arrivait sur la route, derrière moi. Sans réfléchir, j'ai levé la main pour l'arrêter. À ce moment-là je ne savais pas exactement pourquoi. Mais lorsque je suis montée, j'ai compris ce que mon inconscient avait décidé avant moi.

Au musée de la ville voisine, je me souvenais qu'il y avait une boutique de cadeaux.

Fin d'après-midi

Oh, Bud... Je t'autorise à me traiter d'idiote ! de crédule ! de conne !

Là, devant moi, alignés dans la vitrine... six, sept,

huit, neuf médaillons, chacun pendu à un cordon de cuir. Tous identiques. La seule chose qui change, c'est la tonalité du cuir. Certains cordons sont bruns, d'autres noirs, marron, ou jaunes... Mais le métal est du même argent, faussement patiné, le profil gravé sort d'un seul moule.

Je retire le modèle qui est à mon cou, je l'approche de la vitrine. Mon œil recherche un signe, une marque, un indice qui fasse la différence. Rien.

La vendeuse m'aborde.

— Joli travail de reproduction, n'est-ce pas ? Fidèle à l'original, une pièce trouvée dans un galion au large de Marseille. Il ne coûte que 35 euros.

Elle n'a pas compris, la pauvre, pourquoi je partais en courant.

Début de soirée

Mon cher Bud,

J'ai repris le bus, remontée comme jamais !

J'avais envie de bouffer le monde entier tout cru ! Envie de hurler, de cogner ! En même temps, il s'en fallait de presque rien pour que j'éclate en sanglots et pleure des heures durant des flots et des flots...

À la villa, Caroline n'était pas là. Mais il y avait Vincent.

Il n'était pas seul. Assis avec lui au bord de la piscine, ils étaient quatre, attablés autour. Parmi eux, une fille blonde.

La rage m'est montée au nez. Je me suis dirigée droit sur lui, sans saluer, ni même jeter un regard aux autres. Vincent s'est levé à demi, a esquissé un geste de présentation... Je l'ai coupé net :

— Je croyais que tu ne connaissais personne par ici. Que tu n'avais aucun ami.

C'est en effet ce qu'il m'avait affirmé le jour où, si démuni, si seul, que je lui avais proposé de l'héberger à la villa.

— Ce sont mes plongeurs. Mon équipe pour les fouilles sous-marines. J'aimerais te les présen...

— Pas la peine ! ai-je coupé.

Il s'est tourné vers eux avec une mimique. Mais ils avaient compris. Ils ont tous levé le camp. Les garçons ont serré la main de Vincent, la blonde lui a fait une bise – ce qui a fait monter ma pression intérieure d'un cran ! Puis elle lui a adressé un haussement de sourcils faussement discret mais plein de compassion, l'air de dire : « Un peu mégère, ta copine... »

En d'autres circonstances j'aurais trouvé cette fille banalement normale. Là, en trois dixièmes de seconde, je lui ai attribué tous les défauts ! Trop blonde, trop molle, trop grosse du bas, pas assez du haut, l'air bête, le cheveu gras...

— Qu'est-ce qui se passe, Jessica ? a demandé placidement Vincent quand la troupe eut quitté les lieux.

Je n'ai pas fait de détours. J'ai sorti le médaillon dont il m'avait fait cadeau. Il l'a contemplé froidement. Un peu haletante, la voix vacillant de toute cette colère que j'avais du mal à contenir, j'ai grondé tout bas :

— Tiens. Reprends-le !

Il l'a attrapé machinalement. Il a levé les yeux vers moi, interrogateur.

— Je ne te suis pas, Jessica.

— Tu m'as raconté des histoires. Ce bijou « unique » vaut 35 euros dans les boutiques de musées. Comme une imbécile, je t'ai cru.

Il a marqué un temps de silence. Il a caressé le profil du médaillon avec le gras de son pouce, sans me lâcher du regard. Il a haussé une épaule. Oh, très imperceptiblement.

— O.K. ! Si tu veux, je le reprends.

Il s'est éloigné. S'est arrêté. S'est retourné.

— Ta confiance en moi est fragile, Jessica... Ça me fait beaucoup de peine... Ce médaillon, c'est moi qui l'ai découvert et, en effet, je l'ai prêté au musée de Marseille qui en a tiré des copies. Mais celui-là reste l'original. Et, oui, je t'assure qu'il est unique.

Il a pivoté pour remonter l'allée.

J'étais mortifiée.

Comment n'y avais-je pas songé ! Bien sûr, c'était parfaitement clair et logique ! Tous les musées faisaient ça. Pourquoi m'étais-je laissé bourrer le crâne par Caroline et toutes ses histoires ? La vérité était si simple !

J'ai couru. J'ai posé mes deux mains sur son bras, pour le retenir.

— Pardon... Vincent... Je n'avais pas pensé à ça... Excuse-moi.

Il m'a scrutée. Son regard était sans reproche, sans sévérité. Juste empli de tristesse.

— Mon île est peut-être trop loin ou trop petite pour toi, Jessica.

— Non ! Mais non... Pourquoi tu dis ça ?

Il s'était remis à marcher.

— Vincent... Attends...

Il a continué sans répondre. J'ai soufflé tout bas :

— Où tu vas... ?

Il s'éloignait, s'éloignait, comme s'il ne m'entendait pas. Alors je me suis mise à pleurer, seule et immobile au milieu de l'allée.

Ce soir-là

Je l'attends.

Ce soir-là, plus tard

Je sais bien qu'il ne rentrera pas.

Ce soir-là, beaucoup, beaucoup plus tard

Il ne reviendra plus.

Après minuit, dans le jardin

J'ai si froid, là, au bord de la piscine. Tellement, tellement froid...

4 h 00 du matin

Je me suis endormie dans la chaise longue. Le vent de la nuit, la fraîcheur de l'eau m'ont glacée jusqu'au tréfonds des os. Je me lève, transie, engourdie, je retourne à la villa en titubant. Ivre de fatigue et de douleur.

Je m'abats d'un bloc sur mon lit. Je tire la couette, elle pèse une tonne. Une chose me fait sursauter... Qui, d'abord, me réveille, puis m'aide à me rendormir : l'odeur de Vincent sur l'oreiller d'à côté.

9 h 10, ce matin-là

La Plage est déserte et sinistre. Au moins autant que mon humeur. Les tables vides sous le soleil incertain et le mistral piquant. La mer fait le gros dos...

Caroline n'était pas encore de retour. Quant à moi, après ma nuit passée dans l'humidité du jardin, je me sentais vaseuse, un peu fébrile, avec une vague migraine. J'avais dix minutes de retard sur l'ouverture.

J'ai mollement relevé les stores. Gestes mécaniques. Bar. Percolateur. Tasses. Tables. Parasols. Chaises. Transats. Hangar. Jet-skis. Retour au bar.

Je me suis préparé un café brûlant, je n'avais pas pris le temps d'un petit déjeuner à la villa. La villa que Caroline désertait aussi. Laure qui n'était pas là. Je faisais fuir tout le monde. Je me montrais odieuse avec ceux que j'aimais... qui finissaient par me détester. Tous.

Sauf toi, Bud. Mon psy vert anis.

Le café a brusquement attrapé un goût de larmes. J'ai reposé la tasse et je suis allée aux toilettes me rafraîchir les paupières. J'avais des cernes jusqu'au menton.

Quand je suis sortie, plusieurs clients étaient arrivés. Il y en avait un sur le ponton qui...

Mon cœur a fait un double saut périlleux. Mon sang a rebroussé chemin dans mes veines... Je suis restée clouée sur place... Et puis je me suis mise à courir ! À courir comme une folle ! Comme s'il y allait de ma vie !

Que dis-je ? IL Y ALLAIT VRAIMENT de ma vie ! De mon amour !

Mon amour qui était là, là-bas, devant moi et qui n'attendait que moi ! J'ai hurlé :

— Vincent !!!!!

Les autres clients se sont retournés. Qui était cette folle qui traversait le sable en hurlant au lieu de leur servir leur café-croissants ?!

Je suis tombée entre les bras de Vincent, hors d'haleine, en tremblant comme une feuille, et je l'ai serré, serré, serré ; je ne voulais plus qu'il parte, je voulais être contre lui toujours ! À toute allure, je lui ai dit :

— Je ne les croirai plus ! Plus jamais ! Ils peuvent dire ce qu'ils veulent, je m'en fous !

Je l'ai embrassé de toute mon âme.

— Je t'ai attendu toute la nuit... Je craignais que tu sois parti... Pardonne-moi, Vincent... Maintenant, je te jure, je te ferai confiance !

C'est à cet instant-là seulement que je me suis aperçue de l'expression qu'il avait. Il me regardait intensément, sans bouger.

— Le Zodiac a été volé, murmura-t-il.

La sensation du malheur est encore plus foudroyante lorsqu'on vient de toucher le bonheur.

— Oh non, Vincent... Pas ça, pas ça...

9 h 30

L'horreur. Qu'est-ce que j'allais dire à Claude ? Qu'on avait volé un bateau qu'il ignorait avoir acheté ? Je ne lui avais même pas demandé la permission... Quant à l'« emprunt » que j'avais fait dans la caisse de La Plage pour la combinaison de plongée... Comment lui expliquer ?

— La Plage et le matériel... il y a des assurances pour ça, a murmuré Vincent.

Je l'ai regardé. Je crois que ce qui m'a tordu le cœur de tristesse, c'est de ne distinguer dans ses yeux que de l'ennui. Simplement de l'ennui. Comme si c'était lui qui passait un mauvais moment.

— Il faut aller faire une déclaration de vol à la police..., a-t-il ajouté.

Il a attendu un instant. Puis :

— Si tu permets, je n'irai pas avec toi, dit-il. Les flics et moi, on n'est pas franchement copains.

12 h 00

J'ai dû fermer La Plage pour aller au commissariat. Caroline ne venait que vers 2 heures et je n'avais plus aucune envie de confier la marche de la maison à Vincent.

Quand je suis sortie, j'ai erré lamentablement

dans la ville. Je me suis repassé cent, deux cents versions de mon futur face-à-face avec Claude.

Il rentrait demain...

Je me suis assise sur un plot devant le port. J'ai réfléchi. Ou plutôt j'ai essayé de réfléchir.

« Pas de panique. Pas de panique, me suis-je murmuré. Tu fais une montagne de pas grand-chose. Lorsque Vincent aura trouvé son mécène et rassemblé son équipe, les fouilles seront l'affaire de quelques semaines. Alors Vincent remboursera au centuple. Tout ce que j'ai à faire, c'est demander un délai à Claude. Rien de plus. Juste un peu de patience. En plus, si ça se trouve, l'épave contient encore plus de trésors qu'on ne suppose, et alors... »

Ça m'a réconfortée de penser tout ça. Il ne fallait pas que je dramatise. La Plage était une entreprise prospère, elle ne ferait pas faillite à attendre un peu ! « Pas de panique, ma vieille. Pas de panique. Ce n'est qu'une affaire de temps. »

J'ai regardé deux amoureux qui mangeaient leurs hamburgers sur la jetée. J'ai souri tristement.

— Je raconterai tout à Claude, me suis-je dit à voix haute. Il comprendra. Il a confiance en moi.

— Tu parles seule ? s'est écrié quelqu'un près de moi.

C'était Caro. Elle ne se moquait pas de moi. Elle

était même très grave. Elle a posé une main sur mon épaule avant de s'asseoir sur le plot voisin.

— Ton copain Vincent..., lança-t-elle.

— Ah non... Pitié ! Ne recommence pas !

— Il a gagné le gros lot ou quoi ? continua-t-elle, aussi déterminée à finir ce qu'elle voulait dire qu'un char d'assaut à traverser un champ potentiellement miné.

— Pourquoi ? questionnai-je d'une voix sourde.

— Il est plus riche qu'on l'imagine. Ou alors c'est un escroc. À l'heure où je te parle, il a dans ses poches de quoi payer dix fois son ardoise à La Plage !

J'ai murmuré :

— Tais-toi, s'il te plaît...

— Je viens de le voir à une terrasse en ville. Très très entouré ! C'est lui qui payait l'addition des copains ! et je te prie de croire qu'il avait de quoi ! Un portefeuille bourré ! Jamais vu autant de billets dans la main d'un mec, sauf au cinéma !... Hé ! Mais qu'est-ce qui te prend ? Où tu vas ?...

Je n'en savais rien. J'ignorais où allait me mener le chemin que j'empruntais... Mais j'y courais de toutes mes forces.

12 h 10

J'ai séché mon cours de danse. J'ai écumé tous les bars du port.

— Tu n'as pas vu Vincent ?... Vous n'avez pas vu Vincent ? Le type au chapeau d'Indiana Jones ?

— Non. On n'a vu personne.

12 h 15

— Vous avez vu Vincent ? « Indiana Jones » ?

— Non, Jessica.

12 h 30

— ... Vincent ?

13 h 25

Les terrasses et les places. La capitainerie. Les magasins de vêtements et matériel maritimes...

Personne n'y avait vu Vincent.

15 h 00

Je suis allée en dernier, en tout dernier lieu, là où j'aurais dû aller dès le début. Chez moi. À la villa.

Seulement, depuis près de deux heures, tourner dans la ville était ma façon de tourner autour de la vérité. De me cacher ce que, intuitivement, je pressentais.

L'eau de notre piscine clapotait contre ses petits carreaux de faïence bleue. Les cigales. Les pins dans le vent.

La maison était ouverte. Et fraîche, et tranquille.

— Vincent...

Ce n'était pas un appel. Pas vraiment. J'ai simplement prononcé son nom. La messagerie du téléphone clignotait sur la console... Vincent m'avait forcément téléphoné. Forcément il me disait que le Zodiac avait été retrouvé et qu'un sponsor lui consentait une avance qui payait tout, effaçait tout. On recommençait tout à zéro. Comme s'il ne s'était rien passé.

Je me suis approchée. Au ralenti. Avec la sensation de nager dans un bocal tout petit et fermé. Je veux dire que respirer était soudain devenu une activité pénible, une gêne. J'ai tendu – au ralenti aussi – un doigt... *Kling !*

J'ai été surprise par la voix inconnue qui a subitement envahi la grande pièce blanche :

« Ce message s'adresse à Mlle Jessica Lory. Ici Belli-Perennis Assurances. Vous avez déclaré un vol de Zodiac à la police. Or, il semblerait que vous ayez vendu ce bateau dans des conditions douteuses. Nous souhaiterions avoir quelques explications... »

Je suis restée debout, à fixer le téléphone. Plusieurs minutes, tout était immobile, y compris moi. L'ombre fraîche de la maison est devenue peu à peu un froid polaire qui m'a glacée aux os.

Brusquement, j'ai foncé. J'ai monté les marches cinq à cinq, j'ai poussé à la volée toutes les portes du premier étage. La dernière était ma chambre.

J'ai cherché la revue de nautisme sur le chevet. J'ai cherché le cintre avec la combinaison de plongée, j'ai cherché son bagage, j'ai ouvert l'armoire où il suspendait ses affaires.

Il n'y avait plus rien.

15 h 05

J'ai rouvert l'armoire où il suspendait ses affaires, les tiroirs de la commode, vérifié dans la salle de bains.

Tout était vide.

Fin d'après-midi

Entre nous, Bud, quand on fait ce que j'ai fait, il reste deux solutions : ou on assume ou on se tue.

J'ai décidé de me tuer.

Aucune idée de l'heure, je sais juste qu'il fait nuit

Je suis allongée sur le parapet de la jetée, là où il m'a dit un jour (il y a longtemps, longtemps...) qu'il achèterait une l'île où il m'emmènerait...

Comment est-ce que j'ai pu y croire ? Comment ai-je pu avaler ces mensonges-là ?

Je sais. Parce qu'ils ressemblaient à des bonbons... Je ferme les yeux. Sur le parapet, là, il me suffit de rouler sur le côté... plouf ! je tombe dans la Méditerranée toute noire... Adieu, Saint-Tropez.

« Oh, Caro... Caro... C'est toi qui avais raison ! tellement raison ! »

J'ouvre la bouche pour aspirer... et c'est un sanglot qui en jaillit, puis des dizaines de sanglots, qui me déchirent, bruyants, douloureux, j'ai l'impression d'aboyer, d'être un chien... Je suis un chien abandonné... Mais je ne veux pas mourir.

Plus tard

Je n'ai pas envie de rentrer à la villa. Je n'ai envie de voir personne. Je me suis dirigée vers La Plage, l'ultime refuge. Laure m'a raconté qu'au temps de leurs années « lycée », cette Plage était le lieu qui les consolait de tout...

Je me suis retrouvée devant l'entrée sans vraiment le vouloir.

Les portes auraient dû être fermées... elles étaient grandes ouvertes, et les lumières allumées... On entendait du remue-ménage au bar du sous-sol...

J'ai su tout de suite ce qui m'attendait... Et, d'une certaine manière, je crois que je l'attendais, j'étais presque soulagée.

— Vincent Legal est un escroc connu des services de police, expliquait la voix de Claude. Il trafique entre la France et l'Italie. C'est lui qui a vendu le bateau.

Je ne me suis même pas interrogée sur la présence, à cette heure, de Claude... J'avais juste peur de ne pas pouvoir descendre les marches jusqu'en bas. Mes genoux étaient faibles, si faibles, et mes pieds loin, loin, loin... Je me suis assise au milieu de l'escalier. Ratatinée, plutôt. Toute tassée en chiffons sur un coin de marche.

Une ombre s'est précipitée vers moi. Claude. Il m'a entouré les épaules sans rien dire. En levant les yeux, j'ai aperçu Caroline au bar. Elle attendait. Que je ne sois plus en colère contre elle, je suppose. Qu'on redevienne amies.

« Oh, Caro ! Si tu savais comme je regrette ! »

Je me suis essuyé les joues et le nez. Très bas, j'ai murmuré :

— Vincent va revenir me chercher... il m'a promis...

Claude m'a coupée net :

— Il ne reviendra pas. Et tu le sais très bien.

Il m'a serrée contre son épaule. Ses gestes et sa voix étaient d'une terrible douceur. Et d'une incroyable fermeté.

— Demain je porterai plainte contre lui. J'appellerai l'assurance.

— Je ne me le pardonnerai jamais, dis-je. C'est ma faute... Comment ai-je pu me montrer idiote à ce point ?

Je me suis remise à pleurer.

— Il était si convaincant... quand il parlait de son île et de ses fouilles... Je le croyais...

Le sourire que Claude eut à ce moment-là fut une des choses les plus tristes que j'aie vues dans ma vie.

— Plus c'est invraisemblable, plus on a envie d'y croire, conclut-il.

Le lendemain matin

Ce matin, Claude est venu à la villa accompagné de deux policiers avec lesquels il m'a laissée. Il est parti rejoindre Caroline dans la salle à manger. Il m'avait prévenue. C'était la règle. Un interrogatoire de routine, mais pas très agréable...

— Comment avez-vous connu Vincent Legal ?
— Vous a-t-il très vite parlé d'argent ?
— Vous a-t-il obligée à lui en donner ?
— Vous a-t-il obligée à lui faire ces cadeaux ?
— Êtes-vous amoureuse de lui ?

Je me suis effondrée. Caroline est revenue avec Claude me soutenir.

— Je paierai, dis-je. Je rembourserai tout ! Je rembourserai et je quitterai La Plage.

— Tu as déjà assez payé, a répondu Claude avec douceur.

Son portable a sonné. Caroline s'est rapprochée de moi. En silence. Nous n'avons pas prononcé un mot pendant que Claude s'éloignait.

Au terme d'une brève conversation, il a raccroché. Il est revenu vers nous, lentement.

— Vincent Legal a été cueilli à la frontière italienne. Il est en prison.

Après-midi

Caro essuyait les verres. Je les lavais. Entre deux coups d'éponge ou de torchon, nous partagions le même panaché frais. On buvait, une fois l'une, une fois l'autre.

— Je... je ne sais pas ce qui m'est arrivé, dis-je.
— Tu as pété les plombs.
— J'aurais fait n'importe quoi pour lui.

— Mais TU AS FAIT n'importe quoi ! s'est-elle exclamée.

Avec une telle véhémence, une telle simplicité, que j'ai presque souri.

— Mais là où j'ai vraiment flippé, c'est quand tu as annoncé que tu fichais le camp, que tu quittais La Plage pour toujours. Je ne voulais pas que tu partes !

J'étais touchée. Mais encore très anxieuse. Je me suis tournée vers elle :

— Je t'ai balancé des horreurs...

Elle a posé le verre qu'elle frottait pour me serrer fort dans ses bras.

— Tu restes mon amie ? ai-je demandé.

Elle n'a pas répondu. Enfin, si. Elle a fini par dire quelque chose, mais après de longues secondes de réflexion.

— À condition que tu me promettes de...

À cet instant, la voix d'une fille a résonné à travers La Plage :

— Vincent !...

Ce fut, résolument, plus fort que moi. Absolument irrésistible... Ma tête s'est redressée en un éclair ! Mon cœur a tressailli ! le soleil brûlé plus fort...

Bien sûr, ce Vincent-là n'était pas... lui. J'ai surpris les yeux de Caroline braqués sur moi. Je devais être un peu rouge. Ou pâle. Elle a glissé son bras sous le mien. Au prix d'un violent effort, j'ai repris la conversation :

— À condition que je te promette quoi, Caroline ?

Elle a souri.

— ... de nous préparer un autre panaché pour deux, dit-elle. Il a tellement meilleur goût quand on le partage.

Dansons, maintenant...

Dimanche

Buddy buddy ,

Ces dernières semaines, j'ai touché le fond. Le plus difficile, tu vois, ce n'était pas d'oublier Vincent. Lui, en fin de compte, je l'ai zappé affreusement vite... Comme on se débarrasse d'un poids, d'une humiliation, comme on écarte une parole qui vous blesse. Je ne voulais que ça : l'effacer ! *Allez, hop, disparais ! Fiche le camp de ma mémoire !* Même si, au fond de moi, je devine la somme de souffrances qu'il a dû encaisser pour avoir si peu de scrupules à faire souffrir les autres.

Non. Le plus dur, c'était que tout le monde autour de moi nageait dans le bonheur. Ou semblait. Louis a rencontré Nina, il ne la quitte pas. Patrick a renoncé à une superproduction au Vietnam pour rester avec Caroline et le bébé à venir. Laure file le parfait amour avec le docteur Baptiste Mondino.

Je suis seule pour affronter... ma solitude. Je veux dire que je n'arrive à parler à aucun de mes amis, j'aurais l'air d'une horrible rabat-joie.

Pourtant, un soir, il y a deux ou trois semaines, Laure (qui est fine mouche) n'a pu s'empêcher de me dire :

— Tu sais ce qui te manque, Jess ? Une réelle passion. Un truc qui te prendrait aux tripes et au cœur !

Elle a raison.

Elle, c'est la médecine. Caroline, sa musique et la chanson. Et moi... c'est quoi ? La danse ? je ne la pratique pas assez assidûment pour oser l'appeler « passion ». En plus, là, j'ai dû mettre en veilleuse mes cours chez Gloria pour rembourser Claude.

Lundi matin

J'ai La Plage. D'accord, elle n'est pas à moi, mais je lui donne un maximum de moi. Et elle me le rend bien ! Sans elle, où serais-je ? Elle me console de tout. Après Vincent, si je n'avais pas eu mon travail, j'aurais tout largué.

Claude a été magnifique. Il ne m'a pas retiré sa procuration. Il continue de me confier la comptabilité de La Plage. Et petit à petit, je lui restitue l'argent emprunté. Il m'a tiré des larmes quand il m'a annoncé la somme à rembourser chaque mois :

— Tu veux rire, Claude ? C'est à peine le prix d'un rouge à lèvres.

— De luxe ! a-t-il précisé avec ce léger sourire en biais qui cache mal sa grande générosité. Ça suffira bien.

Quand il a appris que j'avais réduit mes cours de danse pour le payer, il m'a engueulée... grave ! « Je t'interdis de faire ça ! » Du coup, il a encore revu mes échéances à la baisse. Au fond, il aimerait effacer ma dette. Mais je tiens à m'en acquitter. Ça, il le sait. C'est une question d'honneur pour moi !

Voilà pourquoi je me trouvais attablée, tout à l'heure, devant un thé sur une terrasse du port, à plancher sur la comptabilité du mois écoulé lorsqu'un éclat de voix m'a arrachée à mes calculs :

— Ah non ! Vous n'allez pas me la faire, à moi !

Le serveur était en train de chicaner un jeune type en marinière, sans doute un matelot fraîchement débarqué d'un fret. Le pauvre gars n'avait apparemment jamais eu de baptême du feu question factures *made in Côte d'Azur* ! Il n'avait pas assez d'argent pour payer l'addition.

— Je n'ai pas ma carte sur moi. Si vous voulez bien attendre, je cours là-bas la chercher...

Le jeune homme à marinière avait la voix si douce qu'on l'entendait à peine. Violent contraste avec celle, bilieuse, du serveur.

— Là-bas ? C'est où, là-bas ? vociférait-il.

— Sur mon yacht...

Le serveur a toisé la marinière informe, le jean pourri, les espadrilles à trous.

— Tu te fous de moi ? a-t-il aboyé. Les tire-au-flanc dans ton genre, on les ramasse à la pelle par ici ! Tu vas aller expliquer ça aux flics !...

Je le connaissais, ce serveur. Toujours à râler après les clients trop ceci, pas assez cela. Je ne supporte pas les gens comme lui. Je lui ai fait un signe. Lui aussi me connaissait, il savait qu'on faisait le même boulot.

— Tenez, dis-je en lui tendant un billet. Payez-vous.

Il m'a fixée d'un air désagréable.

— Si ça vous plaît de régaler tous les zonards de la Côte !...

Je n'ai pas attendu la monnaie. Trop excédée, je me suis levée pour prendre mes cliques et mes claques. Une dizaine de pas plus loin, une main légère s'est posée sur mon bras.

C'était le jeune homme. Je me suis rendu compte que je l'avais à peine regardé tellement j'étais remontée contre le serveur.

— Merci, dit-il de sa voix douce où l'on distinguait un accent très léger, à peine une inflexion. Mon nom est Paolo.

Il m'a tendu la main. Je l'ai serrée. Peau étonnamment douce pour un marin.

— Jessica.

— Si vous voulez bien me suivre là-bas, je...

À mon tour de scruter ses habits de routard sans forme, usés, des traces de cambouis dessus... Ce qu'il possédait de plus beau, c'est ce que la nature lui avait donné : un beau visage au nez menu mais droit, des cheveux d'un noir profond, très drus. Par-dessus tout, un regard violet à l'éclat extraordinaire. Et un air timide absolument fondant. Voyant que je l'observais, il m'a offert son sourire. Et là, je n'ai plus su quoi préférer. Car ce sourire était tout simplement à mourir !

— ... je vous rembourserai mon café, acheva-t-il.

J'ai balayé sa phrase d'un geste :

— Laisse tomber, Paolo.

Je l'ai planté là. Tout de même, après quelques mètres, je me suis retournée. Le pauvre. Il était toujours immobile, souriant, à me regarder partir. Je lui ai lancé :

— Un conseil : trouve autre chose que cette histoire de yacht !

J'ai remonté une des ruelles piétonnes... Il faisait doux – j'adore l'arrière-saison à Saint-Tropez, lorsque les *pipole* sont repartis pour Paris, Monaco, ou Miami...

— Jessica !

Depuis le seuil de sa bijouterie, M. Zoltani me faisait signe d'entrer.

— Bonjour, dis-je en m'approchant.

L'air fier, il m'a montré sa vitrine. On y voyait une photo dans un cadre doré.

— C'est devenu la photo de notre publicité. On l'a même installée dans une vitrine de l'aéroport. Je voulais vous mettre au courant, mais impossible de vous choper !

J'ai penché la tête pour mieux examiner le cliché. C'était comme une photo de famille, mais... résolument décalée. Pas la stupide photo de famille. Celle-ci avait un point de vue, elle parlait à celui qui la regardait... Pas mal. Je n'étais pas mécontente de mon travail.

— Venez voir.

Il a déplié un exemplaire d'un *news* local. Dedans, il y avait *la* photo et un article sur la bijouterie.

— Le service iconographique du journal est très demandé. Des tas de gens veulent vos coordonnées. Un hôtel à Cannes aimerait vous commander des photos de la région pour la déco de ses chambres. Et la mairie de Saint-Jean une photo 3 sur 4 pour maroufler la façade d'un immeuble.

Je n'en croyais pas mes oreilles.

— Vous... êtes... sûr, monsieur Zoltani ?

Il a ri.

— Le mieux, c'est que vous téléphoniez à tout ce monde-là.

Du coup, Caroline aussi veut que je fasse la photo qui illustrera son album. Une certaine Loretta Berg de l'agence Objectimage a appelé Zoltani qui lui a donné le numéro de La Plage... Elle souhaite voir mon book.

Oh, Bud... Qui aurait cru qu'en dépannant M. Zoltani j'allais déclencher tout ça ?

Ils se disputent mon book ? Mais je n'en ai paaaaaas !!!

Lundi soir

Tu vois maintenant pourquoi Tropez est mon saint préféré. Il te requinque le moral à 200 % quand tout est glagla au-dessous de zéro ! C'est le saint de la frite, de la pêche et de la bonne humeur ! À ce petit jeu-là, Buddy chéri, il est presque aussi bon que toi !

P.-S. : J'ai décidé de commencer mon book. Pas trop vite. Je ne dois pas gâcher mes chances.

Aujourd'hui « is another day »

Oui, Bud, aujourd'hui est déjà un autre jour. Je me suis réveillée et – va savoir pourquoi – je me suis ruée presto dans la salle de bains pour me scruter sous toutes les coutures.

Tout le monde sait que, lorsqu'une fille commence à se RE-voir, à se RE-regarder, c'est qu'elle va mieux.

Bud, je t'annonce donc la nouvelle du jour : je vais... mieux ! Et, en plus, c'est mon jour de congé. J'ai fouillé dans mes affaires pour en extirper mon vieux Nikon. Mardi : c'est photographie !

Aujourd'hui, fin d'après-midi

J'ai mitraillé comme une malade. Des pieds dans le sable. Des mains avec d'autres mains. Des visages. Un ourlet sur un genou. Une montre contre une oreille. La tête de Lucie-Marie – une petite fille – sous son bob rose, place des Lices. Les joueurs de pétanque. La canne du vieux Martigue. Les parasols de notre Plage. Caroline en maillot de bain. Caroline en peignoir et cheveux mouillés...

Au retour, mes paupières faisaient « clic clac »...

Ce soir, assez tard

J'avais envie de photos de nuit. Je suis allée à *L'Ibiza*, un club chic, entre Art déco et mosaïque orientale. Colette, la propriétaire, est devenue une amie après avoir été une sérieuse concurrente de notre Plage.

Là aussi j'ai mitraillé. J'ai chopé des arcs-en-ciel dans les coupes à champagne et la sueur d'une espèce de Brad Pitt qui dansait... Ensuite, je suis allée boire au bar.

— Ça baigne ? m'a demandé Colette.

C'est une femme blonde, élégante, qui garde de sa beauté passée des formes plantureuses.

— Tu veux concurrencer Chassagne, notre reporter local ?

— Mes photos sont meilleures que les siennes.

— Ce n'est pas difficile ! dit-elle dans un grand rire.

J'ai fini mon jus de tomate et j'ai rangé mon appareil dans l'étui. Pour aujourd'hui, ça suffisait.

J'allais m'en retourner quand, brusquement, des rayures marine à géométrie variable ont flotté devant mes yeux.

J'ai pensé : « Je fais une photo, oui ou non ? »

J'ai pensé : « Ces rayures... ça me dit quelque chose. »

J'ai pensé : « C'est une marinière... »

J'ai pensé : « Je la connais ! »

Tout cela en un huitième de seconde. L'instant d'après, j'avais devant moi ses yeux violets, son sourire flamboyant.

— Paolo.

— Jessica...

Il se souvenait de mon nom.

— Tu te souviens de mon nom ?

— Bien sûr ! Sans toi, je croupirais sur la paille humide d'un cachot ! Je t'offre à boire. Qu'est-ce que tu prends ?

— La même chose que toi.

Il a aimé que je dise ça. Il a commandé. J'ai repris :

— Tu fais quoi ici ? Tu cherches du boulot ?

Il a eu un moment de flottement. J'ai deviné qu'il n'avait pas envie de parler de ça.

— Tu sais, il ne faut pas te gêner avec moi. Quel genre de job cherches-tu ?

Il a haussé les épaules, fait une mimique comique.

— Ce qu'il y aura.

Avec Claude, nous avions envisagé, la semaine dernière, la possibilité d'engager un barman ou une barmaid à mi-temps. Claude me donnait carte blanche. Il se fiait plus à mes choix qu'à ceux de Louis.

— J'ai peut-être ce qu'il te faut. Viens demain matin à La Plage *Saint-Tropez*.

Il a éclaté de rire. Un rire comme pour une bonne blague... mais c'était – je suppose – la joie d'avoir trouvé du travail.

— Tu sais, dis-je, les galères, je connais. Le principal, c'est de rester libre, de respecter ses rêves.

Il avait des manières si légères, si douces, que je ne me suis pas aperçue qu'il m'enlaçait par la taille. Je me suis retrouvée à un centimètre de lui, son front incliné vers le mien.

— Mon rêve, maintenant, tout de suite, là, c'est de danser avec toi.

J'ai ri.

— Celui-là, je peux t'aider à le réaliser.

Je ne suis peut-être pas fortiche en garçons, mais je sais reconnaître un bon danseur. Et Paolo était un excellent danseur. Il avait appris. Vraiment appris. Avec un prof.

C'était bizarre – j'ai trouvé – pour un matelot de fret. Il avait dû avoir une autre vie. On a dansé jusqu'à minuit.

Deux jours après

Quelle surprise, hier ! Magnifique ! Géniale ! Je te résume ça, Buddy.

Tu te rappelles que je t'ai raconté avoir participé à un ballet quand je vivais aux States ? Mon prof d'alors était un chorégraphe qu'on ne connaît pas bien en France mais très célèbre à New York. Eh bien, hier, il a débarqué... à Saint-Tropez !!!

Imagine mon cœur lorsque, devant le hangar aux jet-skis, quelqu'un m'a arrêtée :

— Y a un type qui te demande, Jess.

— Qui ça ? ai-je demandé, un peu distraitement (dix Piña Colada en équilibre sur mon plateau !).

— Un Américain. Là-bas. Il prétend qu'il est chorégraphe.

Intéressée, mais à mille années-lumière de penser à lui, j'ai jeté un œil au bout du ponton et je l'ai reconnu immédiatement :

— John Keane !

Il a fait volte-face, sa chemise ample battant dans le vent avec, au-dessus de ses yeux malicieux, le petit béret en satin qu'il porte toujours.

Nous nous sommes tombés dans les bras en hurlant comme des Sioux. John Keane ! Mon professeur ! Il grisonnait, pas beaucoup, juste un peu, et son regard contemplait toujours le monde comme une belle plaisanterie.

Je me suis souvenue de son faible pour la bière au citron. Nous en avons bu ensemble.

— Raconte ! Qu'est-ce que tu fais en France ? Ici ?

— Ma troupe est invitée au Festival de danse. On va représenter ma dernière chorégraphie : *Retour à Babylone*, d'après Fitzgerald. Tu seras étonnée du résultat, je crois.

— Tu m'étonnes tant... que ça ne m'étonne plus ! ai-je ri.

Il a pris ma main qu'il a embrassée.

— C'est bon de te revoir, Jess. Tu aimais tellement la danse... Toujours en quête de la perfection. Tu étais une élève prometteuse...

J'ai esquissé un geste vague. C'était fini, tout ça !

— Jessica, a-t-il continué, ta plage me plaît beaucoup. Penses-tu qu'on pourrait y répéter le spectacle ?

— Bien sûr ! dis-je. Si ça te convient, ce n'est pas la place qui manque !

Le lendemain qui danse

Pauvre, pauvre, pauvre Paolo ! Faire le serveur, ce n'est pas son truc. Ça m'a rappelé mes débuts ici. Comme moi, il oublie qui a commandé quoi...

Il surfe entre les tables avec un plateau en équilibre... qui finit par se fracasser sur le sol. Il oublie les prix. Il oublie de ramasser les pourboires !

— Tu te comportes comme un milliardaire ! dis-je. Pourtant s'il y a quelqu'un qui a besoin de sous, ici, c'est bien toi, non ?

Il m'a fixée avec une innocence joyeuse :

— Si cet argent doit revenir à plus pauvre que moi... tant mieux !

Heureusement, Louis n'est pas là. Il passe quelques jours de vacances à retaper la bastide de Nina.

John a démarré ses répétitions dès ce matin sur la piste de danse du « sous-marin ». Le spectacle a lieu dans quatre jours. J'avoue : je ne peux pas m'empêcher de regarder. *Retour à Babylone* est une merveille de chorégraphie ! Inventive, libre... Et les deux danseurs, Jim et Séréna, me bouleversent ! Ils sont... magiques !

Je les envie. Dès que je peux, je m'éclipse et je cours les admirer.

Tout à l'heure

Paolo, en plein rush, m'a brusquement entouré la taille de son bras et m'a soufflé à l'oreille :

— J'irais bien faire une sieste... et toi ?

Dans la bouche d'un autre, ç'aurait donné envie

de mettre une claque. Mais pas dans la sienne. Sa mine d'ange aux yeux violets, ce sourire qui vous chavirait, et son léger, léger accent d'Italie... Mille fois oui pour une sieste avec lui !

— Sur ton yacht ? ai-je rétorqué d'un coup de menton vers le grand bateau blanc amarré de l'autre côté du bassin de plaisance.

— Zut ! Je suis démasqué ! dit-il.

Et son air faussement désolé donnait une furieuse envie de l'embrasser.

Lundi matin

C'est fou. On croit qu'une personne touche le ciel et tutoie le divin... et plouf ! Un mot et la déesse devient marchande de poisson... Mais les poissonnières de Saint-Tropez sont si adorables que c'est une calomnie d'en parler ainsi !

Séréna, danseuse vedette sur *Retour à Babylone*... Elle est ODIEUSE ! La tension n'a cessé de monter tout le week-end.

Jim, son partenaire, et John sont pourtant d'une patience d'ange. Paolo, qui suit tout ça de loin, la nomme « la harpie blond platine ».

Elle grogne, crie, et martyrise tout le monde, et tout le monde est censé lui dire merci et baiser le bout de ses chaussons. Au cours d'une pause, Jim a chuchoté à John :

— *I'm fed up with her !* Y en a marre !

On en a tous marre.

Il y a deux heures

J'ai trouvé John qui s'arrachait les cheveux et le béret, Jim assis en tailleur par terre, muet. Quant à Séréna, elle avait disparu.

— Qu'est-ce qui se passe ?

Personne n'a répondu. Trop accablés. Réduits à néant. Je leur ai offert à boire.

— C'est dommage, ai-je chuchoté à John. Séréna est si magnifique quand elle danse.

— Oui. Hélas !... uniquement à ce moment-là.

Le soir

Ouffff...

Ce soir, à la fermeture, j'étais exténuée. Heureusement que j'avais Paolo pour m'aider ! Il a tout plié, aligné, rangé, ordonné, nettoyé.

Une fois fini, il s'est faufilé derrière le bar où j'empilais des verres propres. Nous étions seuls. Il s'est penché, m'a frôlée. Il sentait incroyablement bon. Je me demandais comment c'était possible après cette journée infernale de bruits, de chaleur, de musique, et des vociférations de Séréna.

— Je veux encore danser avec toi, a-t-il dit de sa voix aux inflexions douces.

— Je suis bien trop fatiguée ! Je ne sais même plus où se trouvent mes pieds.

Il m'a soulevée dans ses bras et m'a assise sur le bar. Ensuite, il a retiré mes ballerines et, délicatement, il m'a massé les chevilles et les pieds. J'ai fermé les yeux. C'était... c'était délicieux.

— N'arrête pas, ai-je murmuré. Je sens qu'entre mes orteils et toi ça va être à la vie à la mort.

Il a eu un sourire. Qui s'adressait à mes pieds, vu ma position perchée et sa tête inclinée. J'ai regretté.

— Et maintenant, tu danses avec moi ? a-t-il demandé à la fin de la séance de massage.

Ce n'est pas que je n'avais pas envie... mais ça me troublait d'en avoir si envie.

— Je te guiderai, insista-t-il. Je te serrerai dans mes bras.

J'ai voulu descendre de mon perchoir. Il m'a retenue dans ses bras. Je me suis laissée aller. Mes pieds n'avaient pas touché terre qu'il me tenait encore, très fort. Il était musclé sous son allure raffinée. Et, contre sa poitrine mince, j'ai entendu son cœur qui battait. Ça m'a émue aux larmes.

Ses lèvres sont venues vers moi, pour me donner un baiser. J'ai esquivé :

— D'accord... dansons.

Il m'a contemplée en silence. Il ne m'avait pas

lâchée. J'étais toujours en l'air, dans ses bras, pressée contre lui, avec la sensation délicieusement perturbante de léviter.

Nous avons dansé, sur La Plage déserte, dans le soir qui tombait, dans les bras l'un de l'autre. Je gardais mes yeux fermés. C'était trop bon.

— Ce n'est pas seulement danser que je veux, a-t-il murmuré enfin.

Mes yeux toujours fermés. Mon cœur à moi cognait au moins aussi vite, aussi dur, que le sien. J'ai chuchoté :

— Et qu'est-ce que tu veux, Paolo... ?

Il est resté silencieux si longtemps que je me suis demandé ce qui arrivait... Et que j'ai ouvert les yeux. Son regard m'a transpercée.

— Te faire l'amour, a murmuré son souffle sur mes lèvres.

Au matin

C'est terrible, mais c'est au jeu cruel des comparaisons que l'on réalise à quel point on s'est trompé.

Dans les bras de Paolo, toutes mes erreurs sur Vincent m'ont sauté à la figure.

Vincent était un chef de meute. J'avais suivi à l'aveugle. Sans voir où il me conduisait. Ni que, pour lui, le monde était peuplé de pions à déplacer à volonté.

Paolo était tout le contraire. Il était attentif à tout ce qui me touchait. Il était sensible à un sourire ou à un silence. Il s'intéressait à ma vie. À ma vie ici et à celle d'avant aux États-Unis, à ma mère, mon père, la danse, la photo, à ceux et à ce que j'aimais. Jamais Vincent ne m'avait posé de questions. Et puis, avec lui, le bonheur avait un goût d'angoisse ou de peur. Avec Paolo, le bonheur n'était que bonheur, le plaisir que plaisir.

— Je parle de moi, ai-je soupiré. Mais tu ne me dis rien sur toi. Qu'est-ce que je vais lui raconter, à Buddy Willoughby ?

— Qui est Buddy Willoughby ?

— Celui à qui je dis tout. Mon journal intime.

Jamais je n'avais parlé à quiconque de ce journal. Était-ce un signe de ma confiance totale en Paolo ? En sa sensibilité ? Il n'a pas ri. Il a caressé ma nuque, a soufflé doucement les traces de sable sur mon bras.

— Tu n'as pas répondu, ai-je chuchoté. Je lui dis quoi, sur toi, à Buddy ?

— Dis-lui que je ne sais pas ce qui m'arrive, mais je ne veux pas que ça s'arrête.

Il m'a reprise dans ses bras et… je n'ai plus eu envie de parler.

L'après-midi

Chassagne, du journal régional, est arrivé dans le courant de la matinée pour une interview exclusive du grand John Keane. J'ai préparé un plateau et j'ai envoyé Paolo le leur apporter. J'ai vu qu'il hésitait.

— Tu as peur de te tromper ? dis-je.

— Non, non.

Il m'a regardée, m'a lancé une mimique. Il est parti avec le plateau. J'espérais ne pas l'avoir blessé. Je n'avais plus rien à redire sur sa façon de travailler. Il avait fait des progrès.

En cours d'interview, j'ai servi une autre table non loin de celle de John et du journaliste. Chassagne m'a saluée. Ce faisant et tout en écoutant John, son œil s'est arrêté sur Paolo.

Je n'y aurais pas fait attention si sa physionomie n'avait marqué un changement. Chassagne a attendu la fin de la réponse de John. Puis il a interpellé Paolo à la table voisine :

— On se connaît, non ?

— Ah non, a répondu Paolo d'un ton bref.

Il a voulu s'éloigner, l'autre est revenu à la charge :

— C'est drôle. Vous ressemblez à...

— On me le dit souvent ! a coupé Paolo.

Quand j'étais plus jeune, je m'amusais à me faire passer pour lui. Des glaçons ?

L'air amusé, désinvolte, Paolo avait pris l'accent méridional.

— O.K. pour les glaçons ! a répondu John.

Ce qui était une façon de rappeler le journaliste à ses affaires. Chassagne a repris l'interview. Je voyais pourtant ses regards discrets, mais interrogateurs, sur Paolo.

— C'est quoi, cette histoire ? Tu es le sosie de qui ? ai-je questionné Paolo, lors d'une accalmie.

— De... de Mario Rosi. Un acteur italien.

— Connais pas.

— Normal. Les Américains ne connaissent que les acteurs américains, ironisa-t-il.

Avec une bise moqueuse sur mon oreille.

Seconde partie de l'après-midi

John est revenu, l'air grave.

— Séréna a donné de ses nouvelles ? ai-je demandé.

— Oui.

— Et tu ne vas pas la chercher ? La tirer par le cou jusqu'ici ?

— Elle est repartie pour Paris.

J'ai lâché mon torchon en poussant une exclamation.

— C'est horrible !

Il a secoué la tête.

— Aucune danseuse ne peut apprendre cette chorégraphie en 48 heures...

— C'est vrai. Elle est complexe. Mais c'est ça qui fait sa beauté.

Il a siroté sa bière-citron, en malaxant son béret entre ses doigts. Il m'a glissé un regard de dessous ses sourcils.

— On n'est que trois à la connaître, soupira-t-il. Séréna. Jim. Moi... Non, quatre... il y a toi, Jessica.

J'ai rattrapé de justesse mon torchon qui voulait à nouveau se faire la malle.

— Moi... ?

— Toi.

— Mais...

— Tu as tout le temps été là, à nous observer. Tu aimes la danse, Jess. Tu étais une excellente recrue. D'ailleurs, Gloria Richardson n'accepte pas n'importe qui à ses cours...

Il fit une pause pour finir sa bière-citron.

— J'aimerais te voir danser, Jessica.

— Non ! dis-je, paniquée. Non, non...

— Alors tant pis. Adieu la France. Adieu *Retour à Babylone*. Je serai venu ici pour rien. (Il a souri sous son béret qu'il venait de remettre.) Ton vieux prof perd sa chance de gagner une réputation européenne...

Le soir

Paolo m'a poussée :

— Vas-y. C'est une chance pour John... et pour toi !

J'ai rechigné :

— Tu sais ce que ça signifie ? Deux jours non-stop de répét'. Qui va s'occuper de La Plage ?

Il a ri, m'a embrassée :

— Et moi ? Tu m'oublies ?

Le lendemain, durant une pause de 6 minutes...

Danser est la chose la plus épouvantable que je connaisse ! J'ai l'impression que certaines parties de mon corps sont rouillées... verrouillées ! Que chaque mouvement est une dent d'ouvre-boîte qui perfore un muscle, une articulation.

Le soir

Danser est la chose la plus merveilleuse !

Quand vous avez le souffle, l'élan ; quand vous avez la confiance, la foi, l'admiration en quelqu'un... l'ouvre-boîte fait son job : il ouvre !

Et alors, vous respirez, vous dépassez tout ce que vous imaginiez !

Oh, John ! Je ne me doutais pas jusqu'à aujourd'hui combien la danse m'avait manqué !

— Non, a répondu John quand je lui ai dit ça. C'est toi qui as manqué à la danse.

Le jour du spectacle

Après, il y a eu le costume qu'il a fallu ajuster à ma taille. La coiffure. Le maquillage. Tout le temps où l'on s'est occupé de moi, je me suis laissée aller... Toutes ces heures, derrière moi, m'avaient tendue comme une corde d'arc.

Et soudain, quand je me suis vue dans la glace, je ne me suis pas reconnue. Une tempête de panique m'a secouée tout entière.

— John ! ai-je crié. Je ne me souviens plus de rien...

Du moins, j'ai cru crier... mais ma voix est restée muette.

— Tout ira bien, m'a assuré John.

Son béret de satin était un peu de travers, ses traits tirés, mais il me souriait avec calme et sérénité.

— Tu n'as pas peur, toi ? dis-je.

— Pas du tout. J'ai confiance en toi.

Et lorsque le rideau du Grand Théâtre de la Danse s'est levé sur *Retour à Babylone*, Jessica Lory a dansé comme jamais elle n'avait dansé !

Après le show

Buddy chéri,

À peine sortie de scène, j'ai été malade comme une bête ! Je n'ai pu voir personne pendant une demi-heure. Laure et Caroline ont joué les *body-guards* et se relayaient à mon chevet.

Finalement j'ai pris une douche, lavé mes cheveux, brossé mes dents, me suis parfumée, habillée... alors tout le monde est entré d'un bloc dans la loge ! John, Laure, et Caroline, bien sûr, mais aussi Louis, Nina, Claude, les parents de Laure, Patrick Saint-Val... tout le monde !

1 heure plus tard

Enfin, j'ai été seule.

Avec un sentiment terriblement bizarre. À l'origine indéterminée. John m'avait proposé de dîner avec lui et Jim. Et Laure ensuite m'avait invitée. Puis Claude et Nicole. Mais j'avais dit non à tous... sans savoir pourquoi.

Et, tout à coup, en mettant le nez dehors, j'ai compris. L'impression bizarre s'est muée en sensation d'urgence. Je me suis mise à courir. J'ai bondi dans un taxi qui m'a déposée devant La Plage.

Tout était plongé dans l'ombre. Je n'ai pas allumé. J'ai appelé à voix basse :

— Paolo...

Je l'ai trouvé assis sur les rochers, immobile. Je l'ai rejoint et nous nous sommes embrassés en silence.

— Je t'ai vue danser... Oh, Jessica ! Si je ne t'aimais pas autant, je serais tombé amoureux de toi une deuxième fois...

«Un jour, my prince will come...»

Au petit jour, grand jour...

Paolo m'a attrapée par la taille et m'a fait tournoyer autour de lui. Il avait un air... drôle. Ses yeux brillaient d'un éclat bizarre. Il m'a tendu un petit paquet fermé par un ruban doré.

— Pour moi ? Mais... Paolo, tu n'as pas un rond ! C'est pas parce que Claude t'a fait une avance que...

Il a dit : « Chut » tout bas. Il s'est mordu la lèvre et, d'un air encore plus drôle, il a murmuré :

— C'est plus compliqué que ça. Ouvre, tu vas comprendre...

Il guettait ma réaction avec un peu d'inquiétude. Je savais qu'il voulait me faire plaisir, mais ça m'ennuyait qu'il fiche son argent en l'air pour moi.

C'était une bague, très mignonne, avec des pierres rouges et vertes. Ça m'a vraiment touchée.

— Elle est super jolie ! On dirait une vraie !

Il m'a fixée. Il a ri, tout bas.

— Oui, c'est... assez bien imité.

Son air... Il semblait perdu, déstabilisé. Ça m'a fait fondre.

— Tu sais, dis-je... Je suis bien avec toi. Je n'ai pas besoin de cadeau.

Ses bras se sont refermés sur moi d'une très tendre façon.

— Je ne peux pas rester aujourd'hui, a-t-il ajouté. J'ai des choses à faire.

— Pas de problème. Je vais demander de l'aide à Caroline. On se voit ce soir ?

Il m'a embrassée en silence.

Matinée

« Sur une chorégraphie particulièrement innovante... »

« L'interprétation intelligente de sa danseuse vedette... »

« Un spectacle d'une beauté à couper le souffle... »

« Jessica Lory est une nouvelle venue mais retenez son nom... »

John a rangé le dernier journal sur la pile.

— Le problème avec les bonnes critiques, c'est qu'on les oublie ! ironisa-t-il.

— Mais elles font tellement plaisir ! conclut Jim.

— Qu'est-ce qui se passe, Jess ? m'a demandé John. On dirait que tu as vu le monstre du loch Ness !

J'ai pris, sur le dessus de la pile, le journal qu'il

venait de lire. J'ai essayé de cacher le tremblement qui m'avait saisie. D'une voix aussi proche de la normale que possible, j'ai ânonné :

— Je vais chercher à boire.

Et je me suis précipitée derrière le bar, dans la réserve où je savais que je serais tranquille. J'ai ouvert le journal en faisant tomber la moitié des pages par terre. À genoux, j'ai farfouillé, recherché... Enfin, j'ai retrouvé l'article.

Une photo. Un gros titre :

Après avoir fait des affaires sur la Côte,
le prince Paolo, héritier de l'empire Lorenzi,
repart en Italie, avant de convoler
avec la princesse Daniela de Dukheim.

Sur la photo, Paolo – MON Paolo – enlaçait une jolie blonde distinguée.

Matinée (suite)

Longtemps je suis restée par terre, ivre de chagrin, incapable de me mettre debout.

Et puis, soudain, aussi puissants et aveugles qu'un raz-de-marée, la colère et le désespoir m'ont submergée. Je me suis relevée et, sans rien voir, sans rien entendre de ce qui se passait autour de moi, je me suis retrouvée sur la route du port de plaisance.

Je courais. Je suffoquais. Une douleur violente

au côté répondait à la douleur, plus violente, plus aiguë qui me déchirait le cœur. Et plus je courais, plus j'avais mal et plus la rage montait en moi.

Le nom du yacht se détachait en lettres d'or sur son museau pointu : *C'era una volta*... J'ai bondi sur la passerelle.

— Hep ! a crié un type à lunettes noires et oreillette. Interdit ! Propriété privée !

Le temps de comprendre, j'avais franchi la limite ! Un second gorille a voulu m'intercepter. Mais un homme en blazer bleu marine est apparu sur le pont. Il a fait un signe au sbire de me laisser passer.

L'homme au blazer était très beau. Il possédait les mêmes yeux violets que Paolo, mais en dur, en sec, en minéral ; la quarantaine, un foulard en soie noué dans le col de chemise. Le journal l'appelait « le prince Giancarlo Lorenzi ». Il ne m'a pas tendu la main. C'était difficile de ne pas trembler. J'ai dit :

— Je veux parler à Paolo Lorenzi.

— Paolo n'est pas là. Allez-vous-en.

— Parce qu'en plus d'être un menteur, c'est aussi un lâche ?

— N'insistez pas. Oubliez cette parenthèse.

J'ai arraché la bague à mon doigt. Elle est tombée lourdement sur le teck ciré avec un claquement de grosse bille.

— Je suppose que ce bijou était censé m'y aider. Dites a votre fils qu'on ne guérit pas les blessures avec de l'argent ! S'il peut comprendre ça !

L'œil glacé a glissé sur moi.

— Or à 24 carats, sept rubis, autant d'émeraudes... C'est encore pire que ce que j'imaginais. Ton fils nous couvre de ridicule !

À qui parlait-il ? J'ai tourné la tête et j'ai aperçu, perdue dans un transat rouge, une femme menue, fine, jolie, aux yeux aussi noirs que son chignon et sa robe.

— Mon fils est aussi le tien, a-t-elle rétorqué tranquillement. Ton unique héritier, destiné à te succéder...

— Je ne le laisserai pas foutre sa vie et son bonheur en l'air parce qu'il s'est entiché d'une serveuse de bar !

— Je ne suis pas persuadée, lorsque tu lui fais épouser Anne, que tu es uniquement préoccupé du bonheur de ton fils.

Il s'est tourné vers moi. Il fulminait. Une simple lueur dans son regard froid.

— Nous en avons terminé ? m'a-t-il demandé.

Je ne m'en suis pas rendu compte tout de suite. Mais je sanglotais déjà depuis un bon moment. J'ai crié :

— Non... Vous lui direz que maintenant j'ai envie de mourir !

Et je suis sortie du bateau comme on s'échappe de l'enfer.

Quelques minutes plus tard

Je pleurais toujours. J'étais cachée derrière les rochers et les larmes roulaient sur mes joues comme les vagues autour de moi.

J'ai entendu quelqu'un hurler mon nom.

Je n'ai pas résisté, je me suis levée. J'ai franchi la barrière de rochers aussi vite que j'ai pu. Mais quand je suis arrivée sur le sable, je suis restée immobile.

— Jessica !

Je ne le reconnaissais pas. Mon Paolo à moi était en jean pourri et en espadrilles trouées. Celui-là était un *golden boy* en costume cachemire, cravate de soie et souliers sur mesure.

Il courait dans le sable mouillé. Il m'a attrapée comme s'il avait peur que je m'envole. Il m'a serrée, serrée, embrassé les oreilles, les joues, les dents, m'a serrée encore, hors d'haleine.

— Jessica... J'ai triché, c'est vrai, mais j'avais peur de tout gâcher. Tu sais, le pouvoir de séduction d'un homme riche se résume à sa richesse. Toi, tu m'aimais pour moi. Tu étais pure, franche, sincère. J'avais peur de t'avouer, car j'avais peur que tu me haïsses d'avoir menti. Quand on s'est rencontrés, j'étais simplement en... tenue de camouflage. Je voulais devenir invisible avec une marinière et un jean troué.

J'écoutais. Je n'arrivais pas à y croire. J'ai baissé les yeux. La mer recouvrait ses belles chaussures de cuir. Et j'avais tellement envie de rire que je me suis remise à pleurer.

— Jessica ! s'est écrié Paolo, la voix anxieuse. Pardon... je refuse de te quitter. Je t'aime. C'est toi que je veux épouser. Dis-moi oui !

J'ai pleuré encore plus fort. Il a eu l'air désespéré.

— Qu'est-ce qu'il y a ?

J'ai hoqueté :

— Je... dois... rê... ver !

Il y a eu son rire magnifique sur ma joue, une pluie de baisers sur mes lèvres.

— Non. Tu m'as réveillé, au contraire ! Je t'ai entendue parler à mon père. Il faut un sacré courage pour le braver ! Je n'y arrive pas toujours, moi. Mais cette fois...

Les vagues allaient et venaient autour de nos mollets, nous nous enfoncions de plus en plus dans le sable.

— Mon père est très puissant, mais contre nous deux, il ne peut rien.

Il a pris ma main, y a remis la bague rouge et verte. Celle en « assez bien imité ». Mais je n'ai plus ri, parce qu'il avait retrouvé un air grave.

— Tu te doutes qu'il faut que je parte, j'ai des responsabilités qui m'appellent en Italie... mais au moins maintenant, je sais pourquoi je vais faire tout ça. Seulement, avant, jure-moi une chose : je veux que tu m'attendes. Tu m'attendras ?

Et là, ce n'était plus possible de rester comme ça, sans rien dire ; j'ai explosé en larmes, en rires, en baisers :

— Je t'aime, Paolo ! Oui, oui, je t'attendrai !

Puis j'ai regardé nos jambes digérées jusqu'aux genoux sous les vagues, j'ai dénoué sa cravate, j'ai souri :

— Mais méfions-nous du Grand Avaleur des Sables !

Nous avons basculé tous les deux dans l'écume, nous avons roulé et, c'est le baiser de Paolo qui m'a avalée...

À paraître en juin 2006 :

"Le journal de Caroline"

"Sous le Soleil"

Tome 3

Composition JOUVE – 62300 Lens
N° 957050z

Impression réalisée sur CAMERON par
BRODARD ET TAUPIN
La Flèche
en août 2005

Dépôt légal imprimeur : 31199 – Éditeur : 62324
20.16.1063.5 / 01 - ISBN : 2-01-201063.6

Loi n° 49-956 du 16 juillet 1949 sur les publications destinées à la jeunesse.
Dépôt légal : août 2005

HARRY POTTER VE MELEZ PRENS

J. K. Rowling 1965'te İngiltere'nin Bristol kenti yakınlarındaki Chipping Sodbury'de doğdu. Exeter Üniversitesi Fransız Dili ve Edebiyatı bölümünü bitirdikten sonra, yabancı dilini ilerletmek için bir yıl Paris'te kaldı. Ardından, Fransızca konuşulan Afrika ülkelerinde insan haklarıyla ilgili çalışmalar yaptı. 1990 yılından itibaren Harry Potter kitap dizisini yazmaya başladı ve kısa sürede tüm dünyada büyük başarı kazandı.
Kitapları: *Harry Potter ve Felsefe Taşı* (YKY, 2001), *Harry Potter ve Sırlar Odası* (YKY, 2001), *Harry Potter ve Azkaban Tutsağı* (YKY, 2001), *Harry Potter ve Ateş Kadehi* (YKY, 2001), *Fantastik Canavarlar Nelerdir, Nerede Bulunurlar?* (YKY, 2002), *Çağlar Boyu Quidditch* (YKY, 2002), *Harry Potter ve Zümrüdüanka Yoldaşlığı* (YKY, 2003), *Harry Potter ve Melez Prens* (YKY, 2005).

Sevin Okyay 1942'de İstanbul'da doğdu. Arnavutköy Amerikan Kız Koleji'ni bitirdi. 1963'ten beri çevirmenlik, 1976'dan beri gazetecilik yapıyor. Özellikle sinema, caz ve spor üzerine yazıyor. **Kitapları:** *İlk Romanım* (roman, 1996, 2002); *120 Filmde Seyriâlem* (sinema eleştirileri, 1996, 2002); *Çiçek Dürbünü* (denemeler, 1998, 2002); Gol Atan Kaleye (denemeler, 2002) **Başlıca Çevirileri:** Ted Hughes'dan *İlk Dünya Hikâyeleri* (YKY, 1998), Edouard Roditi'den *Türkiye Tatları* (YKY, 1999), J.D. Salinger'dan *Yükseltin Tavan Kirişini Ustalar ve Seymour – Bir Giriş* (Coşkun Yerli ile, YKY, 1999); J. K. Rowling'in *Harry Potter* dizisinden *Sırlar Odası* (YKY, 2001), *Azkaban Tutsağı* (K. Kutlu ile, YKY, 2001), *Ateş Kadehi* (K. Kutlu ile, YKY, 2001) ve *Zümrüdüanka Yoldaşlığı* (K. Kutlu ile, YKY, 2003). Gül Sarıoğlu ile de aynı dizinin "yardımcı kitap"larından *Fantastik Canavarlar Nelerdir, Nerelerde Bulunurlar?*'ı (YKY, 2002) çevirdi.

Kutlukhan Kutlu 1972'de İstanbul'da doğdu. Kadıköy Anadolu Lisesi'ni ve İstanbul Üniversitesi İngiliz Dili ve Edebiyatı bölümünü bitirdi. 1991'de *Nokta – Ne Nerede* kadrosuna katılarak sinema, edebiyat ve müzik üzerine yazmaya başladı. Çeşitli yayın organlarında yazarlık ve editörlük yaptı. Daha çok film eleştirileri ve sinema yazıları yazıyor, çeviri yapıyor. **Çevirileri:** J. K. Rowling'in *Harry Potter* dizisinden *Azkaban Tutsağı* (S. Okyay ile, YKY, 2001), *Ateş Kadehi* (S. Okyay ile, YKY, 2001) ve *Zümrüdüanka Yoldaşlığı* (S. Okyay ile, YKY, 2003). Gül Sarıoğlu ile de aynı dizinin "yardımcı kitap"larından *Çağlar Boyu Quidditch*'i (YKY, 2002) çevirdi.

J. K. Rowling'in
YKY'deki öteki kitapları:

Harry Potter ve Felsefe Taşı *(2001)*
Harry Potter ve Sırlar Odası *(2001)*
Harry Potter ve Azkaban Tutsağı *(2001)*
Harry Potter ve Ateş Kadehi *(2001)*
Fantastik Canavarlar Nelerdir, Nerede Bulunurlar? *(2002)*
Çağlar Boyu Quidditch *(2002)*
Harry Potter ve Zümrüdüanka Yoldaşlığı *(2003)*

T. C. Milli Eğitim Bakanlığı Talim ve Terbiye Kurulu Başkanlığı'nın B.08.0.TTK.0.01.04.03/611 (23.08.01, 009257) sayılı kararı ile, ilköğretim ve ortaöğretim kurumları öğrencilerine önerilmesi uygun bulunmuştur.